LE LIVRE DES LÉGENDES URBAINES

ISBN : 978-2-38410-027-9

Floriane Arzouni

LE LIVRE DES LÉGENDES URBAINES

Histoires étranges, entités et croyances du monde entier

KiWi ÉSO

SOMMAIRE

BIENVENUE DANS LE MONDE ÉTRANGE DES LÉGENDES URBAINES

Je m'appelle Floriane, je suis née en banlieue parisienne, et j'ai passé mes premières années de vie dans les Yvelines, à Ablis.

Mes parents, mes grands-parents, ma sœur et moi-même vivions dans une grande maison familiale que j'aime comparer à un manoir. J'ai peu de souvenirs de ce lieu, mais ceux qui reviennent le temps d'une soirée nostalgique sont l'odeur des escaliers en bois, la petite échelle pour monter au grenier, la chambre de mon arrière-grand-père qui servait à ma grand-mère de salle de couture. J'ai la vision lointaine de la cuisine, du carrelage, de l'immense jardin.

Lorsque je repense au manoir, ce fut la naissance, pour moi, d'un attrait pour les vieilles histoires emplies d'âme, d'une quête et d'une soif de connaissance sur des faits irrationnels, qui ont parfois une explication finalement logique. Ce fut aussi pour moi la découverte des histoires de fantômes, de Dame blanche et d'êtres maléfiques qui ont inspiré certains films et livres.

Plus tard, mes parents, ma sœur et moi avons déménagé à Paris, cette ville gorgée d'histoires.

Ce qui me passionnait, c'était le passé du lieu où nous vivions, de l'appartement et des anciens propriétaires, car les murs et le sol laissaient paraître une vie mortuaire parallèle, des émotions particulières telles que des peurs irraisonnées : je voulais avoir mes réponses.

Je me souviens de l'appartement où nous vivions, des murs, de la porte d'entrée, de la femme qui y est morte avec ses chats, du parquet qui grince, de la sensation d'avoir été suivie tous les soirs lorsque j'allais aux toilettes. Pour moi, c'était féerique, bien qu'un brin flippant.

En grandissant, j'ai pu voyager dans certains pays comme l'île Maurice, la Grèce, Dubaï, l'Arménie, l'Italie. L'un des pays qui m'a le plus marquée par ses légendes et ses histoires horrifiques de fantômes est les États-Unis. Là-bas, peu importe où vous allez, il y aura toujours une histoire sordide d'homme avec un pic à glace qui arrête les voitures sur la route pour les tuer, d'une défunte auto-stoppeuse faisant peur aux conducteurs, d'une maison hantée ou d'un hôpital psychiatrique habité par des esprits.

D'ailleurs, lors de mon séjour au New Jersey, un ami m'avait proposé de rouler avec lui sur la route de Clinton Road, qui est réputée pour être hantée et dangereuse. J'étais très curieuse de voir si je pouvais croire ou même ressentir les légendes de ce parcours aux mille virages sur lequel est née la légende urbaine du fantôme masculin qui faisait peur aux passagers et conducteurs des voitures, provoquant des accidents inexplicables. La légende raconte que, si une voiture vous montre ses phares, cela signifie que vous allez mourir. Cela ne vous rappelle-t-il pas un film ? Celui qui a été réalisé en 1998 aux États-Unis par Jamie Blanks, avec Jared Leto et Alicia Witt ? *Urban Legend*, bien sûr !

Presque toutes les légendes urbaines donnent naissance à des créations artistiques ; c'est ce qui les rend encore plus attrayantes et effrayantes. Les légendes urbaines savent nous tenir en haleine. Certaines sont relativement soft et peuvent être racontées dans des contes pour enfants et d'autres sont réservées aux grandes personnes.

Ces légendes me passionnent depuis longtemps. Mais je dois avouer que, au début, seules les légendes américaines m'intéressaient, car je n'avais pas idée du vivier que le monde pouvait fournir en termes d'histoires et de mythes frissonnants.

La culture de la légende urbaine se construit via un événement ou des racontars adaptés à l'époque de sa création. C'est une histoire courte qui se propage dans le pays au travers de la littérature, des films et de la musique. Nous avons tous connaissance d'une légende qui a marqué notre enfance et qui ressort lors de discussions quelques années plus tard. Elles sont toutes passionnantes par leur nature anxiogène et les peurs qu'elles peuvent faire naître en chacun de nous. C'est bien là le but d'une légende urbaine.

Il est intéressant d'en creuser l'histoire, d'en connaître l'origine et l'époque de création.

Dans chaque pays de la Terre, il existe un mythe, une histoire liée aux fantômes, au culte mortuaire. Le désir de se tester face à ces légendes se réalise dans la visite un château hanté, une balade dans un cimetière sans avoir l'intention de visiter un défunt, la découverte de lieux désaffectés. Hormis la connaissance historique, les sensations que ces lieux créent en nous ainsi que celles des légendes urbaines prennent une place importante.

J'ai voulu écrire ce livre pour vous faire part de mes trouvailles, élucider certains mystères, et surtout vous embarquer dans un monde où il est difficile de jurer par saint Thomas : « Je ne crois que ce que je vois. »

Vous voyagerez dans chaque coin du globe à la découverte d'histoires fascinantes, vous partirez à la rencontre de la culture de chaque pays afin de mieux vous imprégnez des légendes urbaines contées.

Il y a des légendes qui datent, d'autres qui sont nées sur internet récemment et qui ont pris de l'ampleur chez les plus jeunes.

Ce livre est un voyage, une épopée, une aventure tant émotionnelle que nostalgique. Il saura vous faire vivre ou revivre certaines craintes ou peurs face à de vieilles histoires, mais dans une ambiance ludique et surtout détendue, avec un soupçon de frayeur. Qui n'a jamais aimé se faire peur ?

Je vous propose que l'on traverse l'histoire ensemble, que dis-je, le monde ensemble, entre moment historique et grand frisson, entre légendes et superstitions.

Sachez qu'une légende urbaine peut être vraie comme fausse. J'ai cherché, je me suis documentée en interrogeant tous les supports existants : livre, internet, archives. Sachez également qu'une légende urbaine commence souvent par : *J'ai entendu cette histoire, Le cousin de ma cousine éloignée a raconté ce qui lui était arrivé, C'est l'ami d'un ami qui lui a dit ça.*

Je vous souhaite un beau voyage.

QUE LE VOYAGE COMMENCE

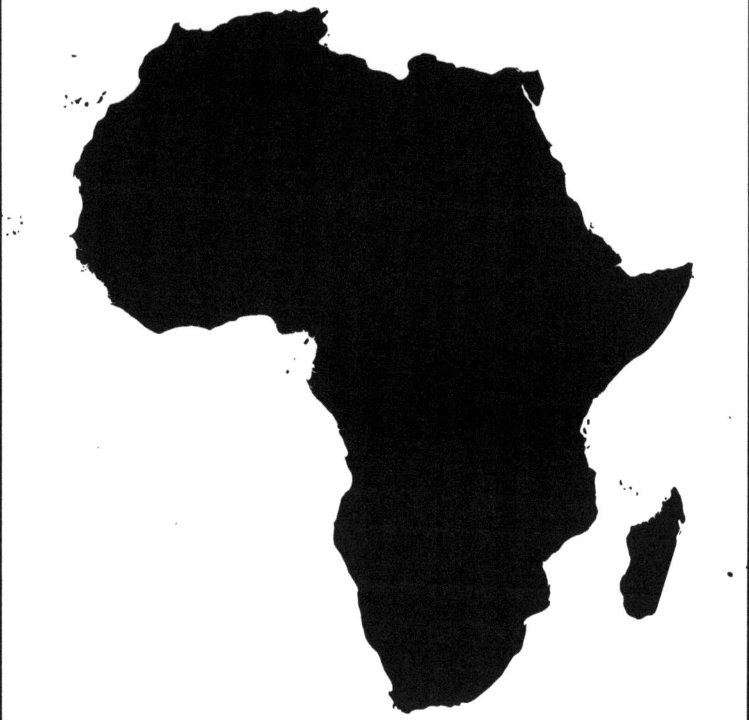

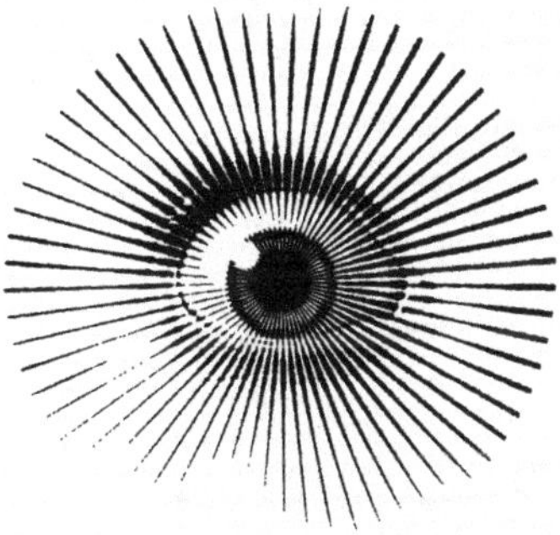

AFRIQUE

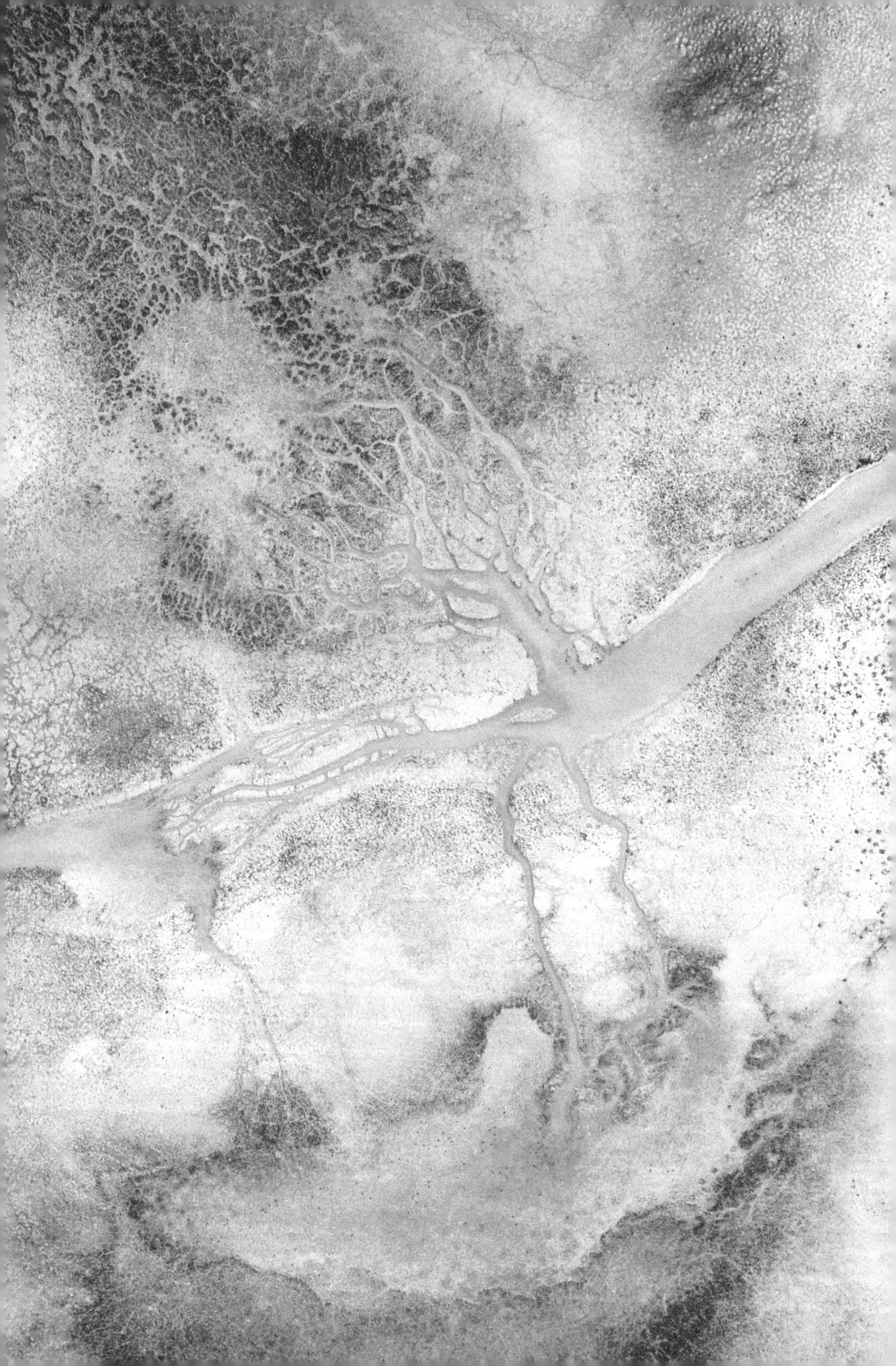

Afrique du Sud

Légende : Pinky Pinky	**Thèmes :** Démon, monstre
Lieu : Dans les écoles secondaires	**Particularité :** Il n'aime pas les sous-vêtements roses
Superstition du pays : Faire fumer le cerveau d'un vautour donnera les numéros du Loto	

L'Afrique du Sud est un pays qui abrite différents types de paysages, tels que les montagnes, la mer, les vignes, avec leurs animaux sauvages.

À Johannesburg par exemple, il faut visiter le quartier de Soweto, celui de l'apartheid où se trouvent le musée Nelson Mandela et le mémorial d'Hector Pieterson, un écolier de douze ans qui a été tué lors des émeutes de Soweto en 1976 ; sa photo avait fait le tour du monde.

Si vous souhaitez partir à la rencontre des animaux sauvages, le parc national Kruger vous comblera avec sa diversité : vous y verrez lions, léopards, buffles, éléphants, rhinocéros… Et si vous êtes dans un esprit plus sportif, rien de tel que de faire une randonnée vers le troisième plus grand canyon du monde : le Blyde River Canyon.

Pour cette première légende urbaine, je vous emmène dans le pays entier, et plus précisément dans ses écoles.

À la rencontre de Pinky Pinky

Pinky Pinky est un être maléfique qui attaque les jeunes filles dans les toilettes de leur école. Ce démon déteste que la gent féminine aille se soulager dans les commodités publiques ;

pire, il hait qu'elles y discutent entre elles. Il faut croire que ce lieu peu ragoûtant lui appartienne et qu'il ne faille pas marcher sur ses plates-bandes : le papier toilette, la cuvette des toilettes et le lavabo pour se laver les mains.

Chut ! ne le provoquez pas !

Le fait que les jeunes filles discutent entre elles dans les toilettes le provoque et le rend méchant, vilain, criminel.

Le démon est doté d'une immense taille et d'un immense… sexe. Certaines légendes racontent qu'il est là pour les violenter, leur faire du mal, et d'autres légendes racontent qu'il les viole avec son attribut disproportionné.

Cette légende vise à faire peur aux jeunes filles afin qu'elles ne traînent pas seules dans les lieux publics isolés où elles risqueraient d'être agressées physiquement et sexuellement.

Est-ce simplement parce que ce sont des jeunes filles ? Est-ce pour les protéger des prédateurs ? Pinky Pinky serait l'homologue des violeurs et des agresseurs. Les légendes servent à effrayer : ici, c'est réussi, car les filles natives d'Afrique du Sud vont aux toilettes à deux, pour que rien ne puisse leur arriver.

Cette légende est une mise en garde pour les jeunes filles qui vont seules aux toilettes et qui pourraient être confrontées à des hommes malveillants qui s'y cacheraient.

Ne portez jamais des sous-vêtements de couleur rose !

Selon les différentes légendes de Pinky Pinky, il pourrait avoir une chevelure rose, un visage rose ou porter un chapeau rose. Cela est étrange, car il déteste que les jeunes filles aient des sous-vêtements roses. Je ne sais pas si sa colère changerait si elles portaient du noir ou du vert ; quoi qu'il en soit, le rose est banni.

Pinky Pinky vous guette !

Ce démon attend le bon moment pour attaquer les jeunes filles. Lorsque l'une d'entre elles se retrouve seule dans les toilettes, il en profite pour sauter dessus et lui faire subir des sévices.

Certaines ont témoigné l'avoir vu, d'autres l'avoir subi. Ce qui est évident, c'est que Pinky Pinky reste ancré dans l'inconscient collectif des habitants de l'Afrique du Sud et dans les légendes urbaines à vous en faire frissonner lorsque vous irez aux toilettes.

Il était une fois

Il était une fois en Afrique du Sud, dans une école secondaire, une jeune fille qui demanda à son professeur si elle pouvait aller aux toilettes. Elle voulait appeler son copain, qui lui, travaillait. En allant aux toilettes, elle eut envie d'uriner. Installée sur le trône, elle joignit son amoureux tout en se soulageant. Au bout de quelques secondes, la porte d'entrée commença à claquer. Elle ne s'en effraya pas, car, après tout, il s'agissait d'un lieu public avec du passage. Elle entendit des pas s'approcher d'elle. Une sensation de malaise s'empara de son corps. La porte s'ouvrit – elle s'était heureusement rhabillée à la hâte. Face à elle, Pinky Pinky la regardait avec insistance. La jeune fille était paralysée par la peur et, d'un seul coup, le démon la jeta contre le mur en la tirant par les cheveux jusque devant les vasques des toilettes. Personne ne pouvait y entrer, elle était seule avec Pinky Pinky. La légende raconte qu'il promena son sexe autour de son corps et, avant qu'il ne commette l'irréparable, elle avait à temps réussi à hurler si fort que le démon disparut aussitôt.

Durant les trois jours qui ont suivi cet événement horrifique, elle fut prise de cauchemars, un peu comme dans le film *Freddy, les griffes de la nuit*.

Personne ne sait ce qu'elle est devenue par la suite ; on sait juste qu'elle s'était volatilisée. Le nom et le lieu de l'école restent encore à ce jour cachés.

Moralité de la légende

Ne restez pas seule dans un lieu isolé, faites attention à vous. Il est important de se souder entre femmes pour être encore plus fortes et se venir en aide.

Cameroun, Yaoundé

Légende : Le diable est une grand-mère	**Thèmes :** Aide, possession
Lieu : Dans les rues de la ville	**Particularité :** Elle ruine la vie de ses victimes
Superstition du pays : Si une feuille de bananier se casse, alors un proche va mourir	

Nous sommes à Yaoundé, la capitale du Cameroun. On y trouve différents quartiers, qui ont chacun leur style. Bastos est le quartier chic et tendance avec ses nombreux restaurants, ses boîtes de nuit et ses boutiques de vêtements. Le quartier Golf est particulièrement intéressant grâce à ses buildings hauts en standing. Le quartier Mfandena a une culture sportive due à son stade omnisports : c'est un endroit très familial et calme. Il y a aussi le quartier d'Etoudi où se trouve le palais présidentiel : il mise tout, d'ailleurs, sur le savoir-vivre. Enfin, le quartier d'Odza, plutôt tranquille, est en plein essor avec des maisons qui poussent les unes après les autres.

Si je vous ai fait le tour du propriétaire, c'est pour qu'on puisse ensemble s'attarder sur un point, chaque quartier possède une chose en commun : ils ont tous des rues.

Aider son prochain c'est bien, mais pas toujours

C'est l'histoire d'une grand-mère qui se balade tranquillement dans les rues de Yaoundé. Peu importe le quartier, elle peut aller partout !

C'est une vieille dame d'apparence normale, le visage et les mains ridés, rien d'étonnant pour son vieil âge.

Quand elle se sent perdue, elle demande de l'aide pour qu'on l'accompagne quelque part. Bref, une mamie normale. Qui ne viendrait pas au secours d'une personne âgée ? Au premier abord, elle est inoffensive, elle inspire même parfois de la pitié. Mais que nenni !

Méfiez-vous des rides, elles peuvent cacher le diable

La pauvre mamie qui semble paumée dans les rues de Yaoundé essaye tant bien que mal d'approcher les passants. Sa proie est une cible facile, car elle n'hésite pas à demander un renseignement ou un service tel que lui porter ses courses.

La légende raconte qu'elle établit un lien entre elle et sa victime pour lui voler son énergie. Si elle se contentait de prendre la bonne santé de sa victime, il n'y aurait rien de fou ni de dramatique. Mais non, elle ne s'arrête pas là ! La légende raconte aussi qu'elle crée de la hantise chez sa victime.

Si vous avez le flair pour ne pas vous arrêter, la diablotine disparaîtra. Mais si par malheur vous décidez de lui porter secours, ce qu'elle vous fera sera pire que dans vos pires cauchemars dignes de films d'horreur.

Vous pouvez être par la suite possédé, ce qui est galère, car pour trouver un prêtre qui accepte de vous désenvoûter, bonne chance ! Dans le meilleur des cas, vous connaîtrez des blocages dans votre vie, dans les domaines du cœur et de l'argent. Et dans le pire des cas, au bout de trois jours, vous aurez un accident et mourrez brutalement.

La légende raconte qu'elle n'est pas la seule femme diablotine et qu'il y en aurait beaucoup plus que l'on ne le pense.

Moralité de la légende

Toutes les grands-mères n'ont pas un visage angélique. Méfiez-vous des sororités du troisième âge.

Congo, vallée du Niari

Légende : Mami Wata	**Thèmes :** Sirène, envoûtement
Lieu : Dans les fleuves et les rivières	**Particularité :** Elle considère les noyés comme ses enfants
Superstition du pays : Il est interdit de payer ses créances la nuit, car cela équivaut à payer les esprits qui hantent les maisons	

La culture congolaise est riche en danse, en musique, en art et en production locale. Sans oublier les diamants, l'énergie hydroélectrique, le cuivre et les forêts. L'âme de ce pays est marquée par les légendes de sorciers, de magie, de sortilège et d'envoûtement, ce qui est passionnant si vous aimez les histoires, les mythes et les légendes.

La nature ne fait qu'un avec l'homme

Au Congo, la nature et l'homme ne font qu'un, ce qui est finalement logique, car l'un ne peut pas vivre sans l'autre. L'être humain vit constamment avec les quatre éléments avec lesquels il est étroitement lié. Il y a un esprit dans la nature et parfois en chacun des hommes et des femmes. L'un agit sur l'organisme de l'autre. Toute action a une conséquence et fait l'effet d'un ricochet : je trouve cela d'une grande poésie.

La nature, tout comme l'homme, est dotée d'une force vitale, c'est ce qui permet à chacun de pouvoir exister et donc de vivre. Il n'y a pas de concept de religion, car tout est presque raccordé avec le surnaturel et les forces, qu'elles soient lumineuses ou obscures.

Mami Wata, qui es-tu ?

Mami Wata est une divinité africaine, un esprit des eaux qui vivrait au Togo, au Ghana, au Bénin et au Congo.

Elle est décrite comme une femme très puissante, d'une grande beauté à la peau pâle et aux cheveux bouclés qu'elle coiffe avec un peigne en or. Elle est mi-femme mi-poisson : une magnifique et majestueuse sirène qui appartient au monde des humains et à celui des eaux. Elle apporte la guérison spirituelle et matérielle, elle protège la santé des humains, leurs émotions et leur mental.

Mami Wata a le visage qui s'apparente à celui de la région où elle est adorée. Elle peut également prendre différentes formes, par exemple mi-poisson ou mi-serpent. Cette divinité est appelée principalement pour la défense des femmes – en particulier celles qui ont subi des abus – et des enfants. Comme toutes les divinités, elle a aussi un côté sombre, qui est lié à la sexualité et aux hommes. La déesse qui vit sous l'eau capture les hommes pour sa satisfaction sexuelle. Elle les laisse parfois en vie, mais à une seule condition : ils doivent lui être fidèles jusqu'à la fin de leur existence en échange d'une réussite et d'une richesse colossale. Et s'ils ne respectent pas le pacte, ils subiront la ruine tant familiale que financière.

Ne plongez pas dans le fleuve

La légende raconte que certaines jeunes filles de la vallée du Niari, où coule le fleuve du même nom, se sont fait envoûter par une sirène à la peau pâle et au torse nu : Mami Wata.

Les jeunes filles qui s'en approchaient succombaient parfois à la tentation de plonger dans les eaux profondes afin de rejoindre leur amour perdu. La majorité d'entre elles périssaient. Mami Wata considérait les noyées comme étant ses filles : ainsi elle les protégeait et veillait sur elles.

Certaines des jeunes filles envoûtées ont pu remonter à la surface : elles présentaient néanmoins diverses séquelles : une surdité soudaine, une hystérie, des vertiges, des envies de dormir, de violentes contorsions corporelles.

D'autres femmes envoûtées pouvaient présenter d'autres symptômes tels que : creuser la terre qui entourait leur maison pour retrouver un objet oublié, fugues suivies d'amnésies, maux de tête terribles.

Il n'était pas bon de plonger dans le fleuve avec l'envoûtement de la sirène.

La thérapie de la féticheuse

Il existe au Congo des femmes spécialisées dans les envoûtements de sirènes. Elles mettent en place une sorte de thérapie qui peut durer jusqu'à une année. On les appelle « les féticheuses ».

Lorsque les jeunes filles sont remontées à la surface avec les séquelles citées précédemment, leurs familles appelaient une féticheuse pour les guérir et les sauver. Cette dernière était capable de déterminer la cause de leurs maux, et d'apporter un remède via les plantes, les danses transes, les rituels lors de cérémonies dédiées.

Les féticheuses pouvaient connaître l'avenir, savoir quelle personne avait déclenché le mauvais œil. Ces femmes ont une place très importante dans la culture et la vie congolaises.

Aujourd'hui encore, les pêcheurs évitent de travailler certains jours afin de ne pas provoquer Mamai Wata.

Moralité de la légende

Ne plongez pas à bras-le-corps vers le danger et l'inconnu. Ne croyez pas tout ce qu'une personne peut vous promettre.

Côte d'Ivoire

Légende : Les sorciers mangeurs d'âmes	**Thèmes :** Cannibalisme, société secrète
Lieu : Dans les villages et les campements	**Particularité :** Ils se régalent des âmes de leurs victimes
Superstition du pays : Il ne faut pas frapper un homme avec un balai au risque de voir ses performances sexuelles s'amoindrir	

La Côte d'Ivoire offre une diversité culturelle et artistique particulièrement riche. Si vous souhaitez vous arrêter dans une ville dynamique, Abidjan est l'endroit idéal. En effet cette cité est éclectique avec des événements et des concerts en tout genre. Vous êtes plutôt farniente et plage de sable blanc ? Direction la station balnéaire Assinie La Belle, où, d'ailleurs, a été tourné *Les Bronzés* en 1978 !

La Côte d'Ivoire recèle aussi une gastronomie savoureuse avec ses plats emblématiques tels que le garba à base de thon frit, de semoule et de manioc, l'attiéké à base de viande ou de poisson accompagné de banane plantain, de couscous et de manioc.

Les plats emblématiques ne sont pas ceux que vous pensez

La sorcellerie est très présente en Afrique : elle fait partie de la société, bien que redoutée sur le continent, ce que l'on peut aisément comprendre étant donné sa puissance. Étant ainsi crainte, la sorcellerie est un sujet tabou en Afrique. Il est d'ailleurs difficile de parler avec un Africain de magie tant la peur peut se lire dans ses yeux.

Allons ensemble en Côte d'Ivoire, ce pays où existent des sorciers et des confréries dont le principal objectif est de nuire aux êtres humains. Ces « sectes » se réunissent toutes les nuits et les participants décident ensemble du sort d'une personne : quels seront les sévices, les accidents et les maléfices qu'elle subira tout au long de sa vie, si la mort évidemment décide de l'épargner.

C'est quoi un sorcier ?

Le sorcier pratique la magie traditionnelle et dangereuse. Il peut détruire la vie d'une personne seulement si cette dernière a un sorcier dans sa famille. Ils vivent dans des villages et sur des campements, mais peuvent agir à distance dans d'autres pays. Leur cible est alors choisie par des proches. Pour que leur maléfice fonctionne, il faut que la proie soit un membre de sa propre famille, sympathique n'est-ce pas ? Prenons l'exemple d'un cousin qui gagne moins bien sa vie que sa cousine : celui-ci fera appel à son sorcier et fera en sorte de ruiner la vie de la pauvre femme. Car le but ultime est de déposséder une personne et de faire en sorte qu'elle ne puisse plus avoir d'argent : tout est une question de réussite et de fortune.

Les sorciers peuvent dangereusement aller plus loin : tuer leur victime.

C'est un mélange de mauvais œil, d'esprit mauvais, de démon, et finalement de galère quotidienne.

Un petit creux ?

Entrons dans le vif du sujet : il existe autour de nous un monde spirituel et surnaturel. Nous sommes faits de chair, de sang et d'os. L'âme fait partie intégrante de notre corps, car c'est ce qui fait que nous existons (lorsque nous sommes sensibles bien évidemment à ce type de croyance).

Lorsque je décéderai, paix à moi-même, ce n'est pas tout de suite : il est hors de question que des marabouts me bouffent l'âme juste pour un sacrifice lors d'actes de sorcellerie.

Je me pose une question : est-ce que les sorciers se mettent tranquillement à table avec une assiette, des couverts et la fameuse âme de la personne au milieu ? Honnêtement, tout peut être possible et la sorcellerie d'Afrique est très puissante et mystique.

Bonjour, je souhaite le plat avec du gibier, s'il vous plaît, cuisson saignante

La légende raconte que dans une famille ivoirienne, un jeune garçon de 14 ans était un sorcier. Sa tante n'aimant pas la réussite de sa sœur (vous suivez ?) a demandé au sorcier de lui pourrir la vie, jusqu'à ce qu'elle meure brutalement.

Le sorcier conclut ce pacte avec une seule condition : lorsque sa sœur décédera, la tante devra se débrouiller pour manger un morceau de son corps (sauce mayonnaise au ketchup ?). Alors, elle deviendra riche et aura du succès aussi bien auprès des hommes que dans les affaires,

Je ne suis pas sûre de pouvoir manger les petites côtes grillées avec un brin de persillade de mon frère.

Moralité de la légende

Préférez un bon steak de viande ou de tofu et évitez de manger la jambe de votre oncle.

Mali, Bamako

Légende : Les voleurs de sexe	**Thèmes :** Castration magique, sorciers
Lieu : Dans les rues de Bamako	**Particularité :** Ils font disparaître le sexe des hommes
Superstition du pays : On ne doit pas se laver la nuit, sinon un serpent viendra laper le savon sur notre corps	

Partons ensemble vers la capitale du Mali : Bamako. Bamako est une ville fondée au XVIe siècle. Son climat est tropical avec une saison sèche et une saison de pluie. Entre marchés et mosquées, vous pourrez déguster le poulet yassa qui est cuisiné avec du citron, de l'oignon, des tomates et du piment ou encore le maffé qui est un riz accompagné d'une sauce à base de viande ou de poisson séché et de beurre de cacahuète. Vous pourrez également assister à des festivités diverses et variées. Je souhaite revenir sur un lieu : les marchés.

Petite balade au marché

Je dois vous avouer avoir hésité entre une histoire assez basique de sorcières et de fantômes, mais après moult recherches, j'ai fait ce qu'on peut appeler une trouvaille de taille.

Je me retrouve donc à me documenter sur les légendes d'Afrique, celles qui vous font voyager dans un autre temps, celles qui vous font peur, celles qui éveillent votre curiosité. Pour changer un petit peu des histoires horrifiques – car vous aurez bien le temps au fil de ces pages d'en découvrir –, je vous emmène dans une balade dans le temps à la rencontre d'un sorcier au pouvoir bien particulier : celui de rétrécir et de voler le sexe à quiconque rentrerait en contact physique avec lui, ne serait-ce qu'en lui serrant la main.

Cette rumeur locale se propage à Bamako et dans toute l'Afrique de l'Ouest à la fin des années 1990. Le « sorcier » existe depuis les années 70, mais son histoire prend de l'ampleur deux décennies après.

Cette rumeur crée des mouvements de panique et une révolte à l'origine de trois cents morts et de plus de trois mille blessés.

C'est un tumulte – que dis-je, une tornade – qui sévit dans ce pays, ce que je comprends aisément, car perdre son sexe en tant qu'homme doit bien faire flipper : sans leur sexe, les hommes n'auraient plus de puissance sexuelle, ni de virilité.

Tu ne serreras point la main

La légende raconte que le sorcier se balade sur les marchés, dans les rues. Il touche l'homme et son sexe disparaît immédiatement. La peur que crée cette légende devient de plus en plus violente. Les États d'Afrique sont en crise économique, vivent des guerres régionales et la peur d'être confronté au sorcier crée une crainte sociale.

Nous sommes donc en 1997 à Bamako. Les faits divers de voleurs de sexe se répandent comme une traînée de poudre à canon et agitent les magistrats, la police et la presse, car ce qu'il y a d'étrange dans cette légende c'est qu'il y a des témoins, mais aussi des victimes.

Certaines rumeurs disent que le sorcier est un étranger. Certains hommes sont mêmes lynchés en public et accusés de sorcellerie, jusqu'à parfois se faire tuer par simple hypothèse que le sorcier c'est lui !

Mes questions existentielles

Comment un sexe peut-il disparaître ? Comment l'homme va-t-il aux toilettes (question existentielle) ? Est-ce qu'il y a une rançon pour le récupérer ? Cette légende urbaine qui paraît farfelue, mais peut être réelle, me laisse perplexe, car comme je l'ai dit plus haut il y a des témoins et des victimes.

Quel est le but de ce vol et où va le sexe lorsqu'il disparaît ?

Moralité de la légende

Prenez garde de ne pas serrer la main à n'importe qui au risque de vous voir émasculer !

Maroc, montagnes de l'Atlas

Légende : La mule du cimetière	**Thèmes :** Démon, malédiction
Lieu : Dans les cimetières	**Particularité :** Elle a des seins qui peuvent étrangler les hommes
Superstition du pays : Il ne faut pas se ronger les ongles, car cela entraîne la pauvreté	

Nous sommes haut perchés sur les montagnes de l'Atlas. Vous souhaitez faire une excursion et poser vos chaussures de randonnée sur l'une d'elles ? Tout est possible : balade en chameau, visite guidée, nuit dans les montagnes dans la Kasbah du Toubkal. Vous êtes libre d'arpenter ces massifs montagneux selon vos goûts et vos envies : à coup sûr, vous tomberez sur de magnifiques rivières, des oasis et de sublimes canyons.

La culture marocaine est un vivier de mythes et de légendes : il y a des histoires sur l'amour, sur la magie et sur la peur. C'est ce dernier thème qui me titille. L'origine de ces légendes ne peut être connue, car la plupart sont des histoires racontées à l'oral, et qui, au fil du temps, ont pris une place importante dans les contes marocains. Il y en a pour tout le monde : si vous souhaitez être bercé par une jolie histoire ou, au contraire, si vous souhaitez ressentir votre corps frissonner, ce pays riche en légendes et en mythes est celui qu'il vous faut.

Sur la trace des légendes du Maroc

Chaque légende urbaine ou histoire est différente selon les régions du pays. Cette variation s'explique entre autres par le fait que chaque conteur ajoute son petit truc en plus pour rendre la légende encore plus intéressante.

C'est à l'époque des rois berbères qui régnaient sur le pays que les mythes ont été créés : c'était leur façon de préserver leur culture et leur croyance.

Rendez-vous avec le folklore berbère indigène

Les Berbères sont très attachés au sacré et à leurs croyances. Ils sont proches de la nature et encore plus de la Terre. Ils n'apprécient pas forcément l'appellation *Berbère* et préfèrent *Amazigh* qui signifie « homme libre », ce qui est en plus joli.

La plupart des femmes ne savent ni lire ni écrire, et ne maîtrisent pas très bien l'alphabet amazigh. Mais elles ont su développer leurs propres modes de communication et langage codé. Lorsque ces femmes partaient dans une autre tribu ou loin de leur famille, elles envoyaient des messages à leur mère pour raconter leur quotidien et leur intimité. Vous avez d'ailleurs peut-être vu un de leurs signes sur un marché ou dans un magasin, car elles dessinaient leurs symboles sur des tissus et par le biais de l'artisanat.

La mule du cimetière

Avez-vous déjà entendu parler d'Aïcha Kandisha, cette femme issue du folklore marocain qui hante les hommes vagabonds dans les lieux isolés ? Son but est de charmer les hommes et de les tuer. Elle peut prendre l'apparence d'une somptueuse femme avec des pieds de chèvres et de longues et grandes mamelles. Ses immenses seins rappellent les mamelles de la mule du cimetière.

La mule du cimetière vit dans les montagnes de l'Atlas marocain. Son apparence peut varier selon l'histoire que vous entendrez.

C'est un être mi-humain et mi-animal qui traîne de lourdes chaînes derrière elle.

À l'origine, la mule était une femme récemment veuve. Au Maroc, la période de deuil dure environ quarante jours, au cours desquels la femme ne doit pas avoir de liaison avec un autre homme, afin de respecter son défunt mari.

La mule, attristée par la mort de son mari, et après une courte période de deuil, rencontre un homme avec qui elle a une histoire d'amour et de sexe. On ne sait pas comment, mais un dieu a été mis au courant. En colère, il l'a maudite et a transformé son apparence pour qu'elle devienne hideuse aux yeux de tous : plus aucun homme ne pourrait désormais l'approcher.

Le petit plus de la malédiction, c'est qu'elle doit dormir avec les morts, dans un cimetière. Mais à la nuit tombée, elle s'échappe en hurlant de douleur tant elle a mal. Elle ne sait pas où aller et erre dans le cimetière. Au lever du soleil, elle retourne se reposer près des morts. La mule peut ainsi avoir le rythme de vie, ou de mort, des vampires, même si physiquement et culturellement elle n'a rien à voir avec eux.

Tu ne pilleras point

Il existe plusieurs légendes concernant la mule du cimetière et celle que je m'apprête à vous livrer est celle que j'affectionne le plus, en toute objectivité.

Un soir, dans un cimetière de l'Atlas, un homme se promenait tranquillement dans les allées : il réfléchissait au prochain tombeau qu'il allait piller en espérant y trouver des bijoux et des trésors qui séjourneraient avec le mort. Au bout de quelques minutes, le regard de l'homme jeta son dévolu sur le tombeau d'une femme décédée quelques années auparavant. Il creuse le sol avec une pelle et, au bout d'un certain temps, alors qu'il n'a pas réussi à trouver son butin, des sons étranges ont commencé à l'inquiéter : des bruits de pas, celui d'une chaîne qui traîne, des cris stridents. En se retournant, le voleur pris de panique et de peur trébuche à terre et voit, face à lui, la mule du cimetière. Malheur à lui ! Avec sa longue poitrine, elle entoure le cou de l'homme et commence à l'étrangler. Une fois que son souffle s'affaiblit, la mule le met sur son dos et l'emmène sous terre pour le dévorer.

Le voleur est mort, mais son crime n'a pas été suffisamment puni. Alors, la mule du cimetière décide de prendre son apparence et s'infiltre dans son domicile où vivent ses oncles et ses fils : elle les tue tous. Plus aucun homme de sa lignée n'existe aujourd'hui.

Moralité de la légende

Il ne faut pas piller les morts, d'une part parce que ça ne se fait pas et d'autre part parce que la mule n'est pas loin de vous.

Tanzanie, archipel de Zanzibar

Légende : Popobawa	**Thèmes :** Monstre, perversité
Lieu : Dans les maisons	**Particularité :** Il sodomise ses victimes
Superstition du pays : Manger un homme albinos vous apportera richesse éternelle	

Cette légende urbaine parle d'un sujet sensible. Si vous avez été victime ou témoin d'une agression sexuelle ou d'actes violents, je vous demande, s'il vous plaît, de passer au chapitre suivant.

L'archipel de Zanzibar est situé sur la côte tanzanienne et est constitué de deux principales îles :

– l'île Unguja, qui est un haut lieu touristique pour les amoureux de paysages balnéaires, et connue pour le quartier Stone Town dit « la Ville de pierres », classé au patrimoine mondial de l'Unesco ;

– Pemba, qui est une île prisée par les jeunes mariés, tant le paysage est majestueux, la nature est verdoyante et vallonnée.

Vous l'aurez compris, Zanzibar peut être un endroit de repos, de lune de miel et de fête.

J'imagine qu'un habitant de cet archipel n'est pas mentionné dans les brochures touristiques : Popobawa, vous allez vite comprendre pourquoi.

On est loin de Blanche Neige et les sept nains

Popobawa est un monstre qui a l'aspect d'un nain, mais pas un nain mignon comme ceux qu'on peut voir en compagnie de Blanche Neige : il n'est ni Atchoum ni Grincheux, on est sur un niveau au-dessus. Il peut aussi avoir l'apparence d'un vilain et dégoûtant ogre ou celle d'une chauve-souris. Il a un troisième œil sur le front et deux grandes oreilles qui l'aident à se diriger. Il a aussi le pouvoir de prendre une forme humaine et ainsi de se confondre dans le quotidien des hommes et des femmes des îles.

Popobawa s'immisce dans les maisons et s'en prend à tous les membres du foyer avant d'aller s'en prendre à d'autres.

Il sévit la nuit. On peut aussi le voir le jour, mais c'est très rare. Malheur à vous si vous ne croyez pas en son existence, car il attaque uniquement ceux qui ne croient pas en lui dans le but que ses victimes racontent ce qu'il leur a fait subir. C'est un petit peu comme les serial killers qui laissent une victime vivante pour qu'elle raconte ce qu'elle a vécu, une sorte de trophée malsain et pervers.

Certaines victimes ont dit l'avoir vu sur les îles d'Unguja et de Pemba. Oui, ces îles paradisiaques et idéales pour les lunes de miel !

Pris de panique et par peur que Popobawa ne vienne les tourmenter, des hommes et des femmes restent éveillés devant leur maison et guette qu'aucun démon ne s'infiltre dans leur intimité.

Fais dodo, Cola mon petit frère

Avez-vous déjà entendu parler de la paralysie du sommeil ? Je vous explique : lorsque vous êtes tranquillement allongé dans votre lit, il y a ce moment particulier qui se fige entre la veille et le sommeil ; il est difficile de bouger, le corps est comme paralysé. Dans certaines cultures, la paralysie viendrait d'un démon, d'une entité surnaturelle ; pour les scientifiques, elle serait due uniquement au stress, à l'angoisse et au manque de sommeil. Lorsque Popobawa s'infiltre dans le foyer, il violente les résidents, viole les femmes et sodomise les hommes.

Non ! Pas mes fesses !

La légende raconte qu'un couple rentrait un soir chez lui après une longue journée de travail sur l'île de Pemba. Après avoir partagé un repas ensemble, la femme sort prendre un verre avec une amie dans un bar de l'île. L'homme reste donc seul chez lui, tranquille devant la télévision. Il ouvre une bière, s'installe confortablement sur son canapé et zappe avec sa télécommande. Il est fatigué et va se coucher dans la chambre conjugale. Il a du mal à s'endormir, mais reste allongé jusqu'à ce que le sommeil arrive. Il entend un grincement de porte ; il fait nuit. Il sent une odeur nauséabonde de soufre envahir son nez. Il ouvre les yeux et, au-dessus de lui sur le plafond, Popobawa est là. Le monstre le regarde et s'approche doucement de son visage. L'homme ne peut pas bouger : il est paralysé, il a peur et est pétrifié. Il ne peut ni parler ni hurler. De toute façon, personne ne l'entendrait.

Popobawa l'attrape, le balance contre le mur, le frappe au visage et commence à entreprendre son crime immonde, l'irréparable : il le sodomise. L'homme est en train de se faire violer et nul ne peut lui venir en aide.

Lorsque le monstre termine son crime, il demande à l'homme de dire à ses proches ce qui lui est arrivé, sinon, il reviendra tous les soirs jusqu'à ce qu'il confesse son traumatisme.

Hard

C'est pour moi l'une des légendes urbaines les plus difficiles, car ce n'est pas juste une histoire de fantôme, de monstre ou de possession, mais de viol.

Cette histoire ne comportera pas de ligne « Moralité de la légende », car il n'y en a évidemment pas. J'ai beau chercher, creuser dans ma tête, il n'y en a pas.

AMÉRIQUE

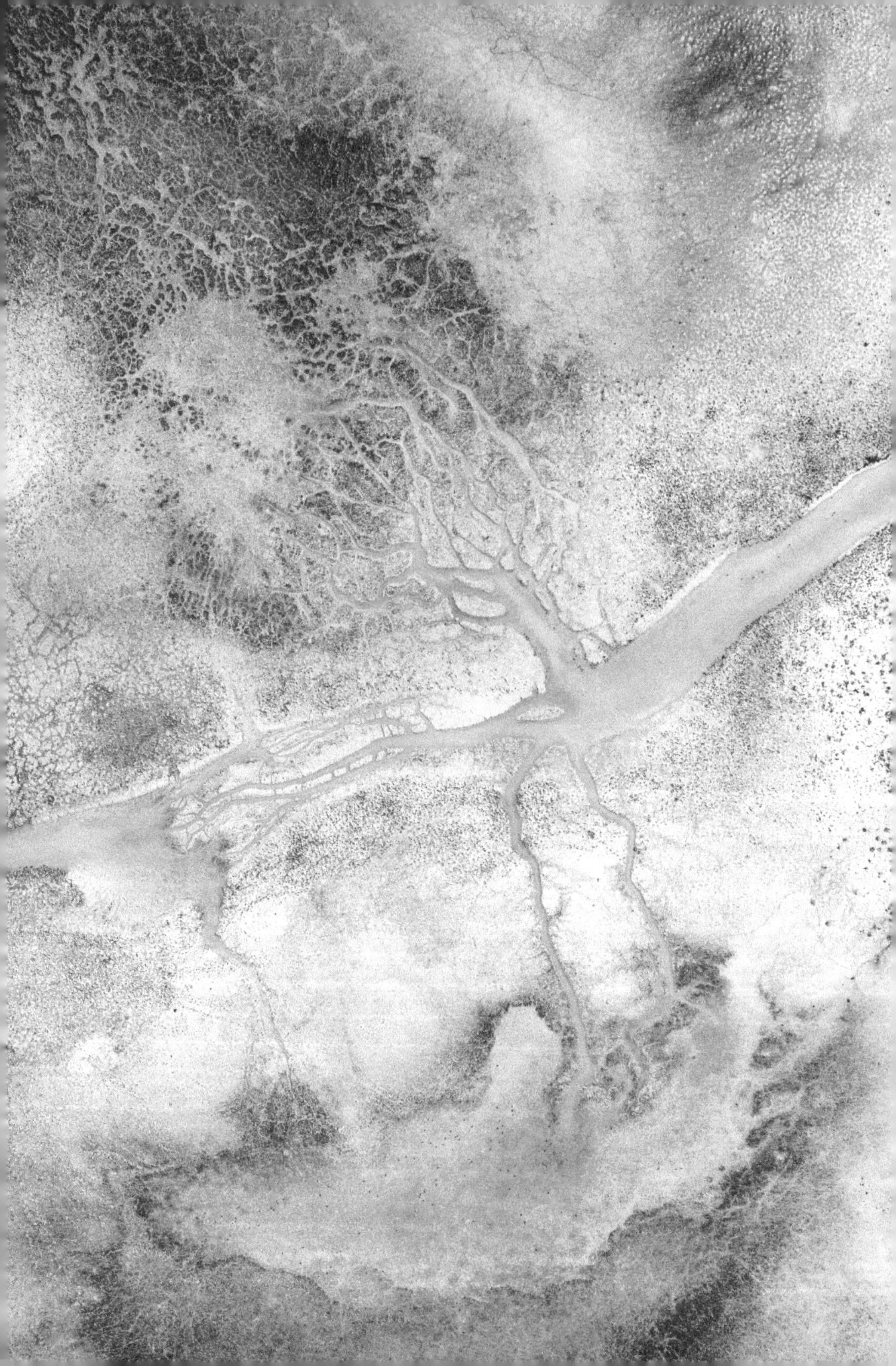

Argentine, Buenos Aires

Légende : Le taxi du cimetière de Chacarita	**Thèmes :** Fantôme, mort étrange
Lieu : Dans la file d'attente des taxis devant le cimetière	**Particularité :** Le chauffeur du taxi est déjà mort
Superstition du pays : Il ne faut pas se passer le sel de la main à la main, car cela enclenche des bagarres	

Retour vers le passé dans la ville de Buenos Aires, capitale de l'Argentine. Cette ville ne dort presque jamais grâce à ses cafés et ses nombreux restaurants ouverts à toute heure. Le tango en est le symbole principal.

Outre ses quartiers multiculturels, vous trouverez plusieurs magnifiques cimetières, comme celui de La Recoleta où se trouve la tombe d'Evita, militante active dans les luttes pour les droits sociaux et ceux des travailleurs. Cette femme était le lien entre le président Perón et le monde syndical. Vous ne voyez toujours pas ? OK, vous savez qui est Madonna ? La chanteuse, oui ! En plus des superbes chansons célèbres qu'elle a interprétées, elle a joué le rôle d'Evita dans le film du même nom d'Alan Parker, sorti en 1996 et a même chanté cette chanson : « Don't cry for me Argentina ».

Comme j'adore les cimetières et leurs légendes, j'ai choisi de vous embarquer dans l'un des plus grands cimetières du monde, avec ses 95 hectares de caveaux, de jardins, d'allées : le cimetière de Chacarita à Buenos Aires.

Il a été créé en 1871 à la suite de l'épidémie de fièvre jaune qui a causé des milliers de victimes. Les autres cimetières de la ville n'ayant plus de place, c'est celui de Chacarita qui a accueilli les défunts. Si vous le visitez un jour, vous pourrez y découvrir des statues en marbre, des sculptures d'anges, des caveaux en forme de pyramide ainsi que les pierres tombales de quelques célébrités telles que :

– May Avril (1928-2002), actrice franco-argentine ;– Carlos Gardel (1890-1935), créateur du tango chanté ;– Bernardo Houssay (1887-1971), prix Nobel de physiologie.

Non merci, je ne prends pas le taxi

Nous sommes en 1978. Une voiture se cache dans la file d'attente avec les autres véhicules. Cette voiture est surnommée le taxi fantôme, car quiconque a le malheur de monter dedans, décédera dans les minutes suivantes.

La légende raconte qu'un soir une jeune femme est allée rendre visite à sa défunte mère au cimetière de Chacarita. Arrivée devant la pierre tombale, elle dépose de jolies fleurs. La jeune femme raconte son quotidien, le manque que cause l'absence de sa mère. Une fois sa visite terminée, elle décide de rentrer chez elle. Mais à cette heure-ci, le passage du bus est rare. Devant elle une station de taxis. En s'approchant, elle ne décèle rien d'anormal : après tout, ils se ressemblent tous. En montant dans le taxi de son choix, elle donne la direction au chauffeur, mais une sensation étrange l'envahit. Il y a quelque chose qui cloche : le chauffeur ne lui parle pas ni ne lui répond lorsqu'elle explique l'itinéraire à prendre. La jeune femme est ennuyée, car elle ne peut décemment pas quitter le taxi. Elle est assise confortablement sur la banquette arrière. La voiture démarre. Elle sent un air glacial à l'intérieur, alors que la climatisation n'est pas en marche et que la température extérieure avoisine les 28 degrés. Plus les secondes passent, moins elle sent sa peau, ses jambes et ses bras, comme si l'air commençait à glacer son corps. Son souffle s'affaiblit, son esprit se brouille et son cœur s'arrête lentement causant sa mort. C'était en fait un taxi fantôme, qui grâce ou à cause de la mort de ses passagers, récupérait leur énergie pour pouvoir rôder plus facilement.

Le chauffeur du taxi la déposa ensuite là où il la prit : devant le cimetière. On la retrouva quelques heures plus tard, allongée sur la tombe de sa mère.

Depuis cette rumeur, certaines personnes évitent de prendre le taxi à la sortie du cimetière.

Moralité de la légende

Ne montez pas dans n'importe quelle voiture et prenez un pull, au cas où le taxi fantôme vous embarque.

Bolivie, La Paz

Légende : Les fantômes de l'hôpital Chest	**Thèmes :** Fantôme, paralysie
Lieu : Dans les couloirs de l'hôpital	**Particularité :** Un des fantômes n'a pas de tête
Superstition du pays : Enterrer le fœtus d'un lama séché apporte la protection de la famille	

Holà ! La Paz est une ville unique et riche en couleurs : elle est construite dans une cuvette sur un canyon et est entourée par les hautes montagnes de l'Altiplano. C'est une ville qui dépayse, étonne par sa culture et qui offre un panorama somptueux. Vous pouvez y manger des plats typiques, tels que les nouilles au piment ou les anticuchos, plat à base de brochettes de viande, de pommes de terre et de cacahuètes épicées. La Paz offre également de magnifiques marchés comme La Calle Sagarnaga – spécialisé dans l'artisanat, les contrefaçons et les étals de nourritures savoureuses –ou le Mercado de las brujaas (le Marché des sorcières) où l'on trouve des remèdes magiques, des porte-bonheur, des amulettes et des fœtus de lamas séchés.

Cette ville a une âme particulière : c'est un mélange d'arts ancestraux, de mythes et de légendes. En parcourant l'histoire de cette ville et pour vous dégotter une histoire qui change de l'ordinaire, j'ai trouvé à La Paz, une légende unique qui sort du folklore bolivien et vous ramène à une certaine réalité impalpable : les fantômes. Encore des fantômes, me direz-vous ! Croyez-moi, vous allez être surpris de ce que cache l'hôpital Chest.

Tout près des morts

L'hôpital Chest se trouve à La Paz. C'est un hôpital on ne peut plus traditionnel : des gens y sont soignés, des infirmières et médecins y travaillent, rien de fou. Il se trouve à côté de jardins qui mènent à une morgue.

Un soir, une infirmière a vécu ce qu'on appelle un événement étrange et paranormal. Elle est consciencieuse dans son travail, note sur une feuille toutes les informations de ses patients, prend ses pauses lorsque cela est le moment, elle passe des journées et des soirées normales pour les personnes qui travaillent dans le médical. Mais…

Le fantôme sans tête

Ce soir-là, l'infirmière fait ses rondes puis s'assoit à sa table pour compléter les informations de ses patients. Soudain, en une fraction de seconde, tout l'hôpital se fige : les bruits, les gens de passage, son corps qui est paralysé. Elle essaye de bouger sans succès ; elle ne peut ni parler ni crier. L'infirmière, avec toute sa force, réussit tant bien que mal à tourner sa tête pour comprendre ce qui se passe. Sous ses yeux, un visiteur horrifique est là. C'est un grand homme entouré d'une lumière verte. Il n'a pas de visage et n'essaye pas de communiquer avec elle ; seule la sensation paralysante est présente. Lorsque ses yeux se sont posés sur lui, il a disparu instantanément et l'infirmière a retrouvé sa mobilité. Cet homme, ce fantôme, avait été décapité quelques années auparavant et avait essayé d'entrer en contact avec la soignante. Mais il est difficile de se faire comprendre lorsqu'on n'a pas de visage ! À la suite de cet événement, on raconte que, dans les allées des jardins près de l'hôpital qui mènent à la morgue, un homme sans tête s'y balade.

La mère et son enfant

L'homme sans tête n'est pas le seul à errer dans ce lieu. Il y a aussi cette mère qui loge dans une des chambres du deuxième étage de l'hôpital. Elle tient son enfant dans les bras. Sa bouche s'ouvre anormalement, si bien que l'on peut voir le fond de sa gorge. Elle hurle et demande de l'aide pour sauver son fils mourant. Les hurlements réveillent les patients fortunés qui dorment alors à poings fermés. Si certains la voient, cette mère disparaît instantanément avec son enfant, comme si elle venait simplement dire qu'elle est là et qu'elle a besoin d'aide.

L'origine de cette femme est méconnue, comme celle de l'homme décapité.

Ces deux fantômes ne sont que l'iceberg de ceux qui vivent dans l'hôpital Chest, des infirmiers et patients ont été témoins de visions horrifiques et de bruits anormaux.

Moralité de la légende

Demander une chambre individuelle n'est pas gage de tranquillité.

Brésil, fleuve Amazone

Légende : Boto, le dauphin rose	**Thèmes :** Animaux, séduction
Lieu : Dans les villages proches du fleuve	**Particularité :** Il féconde les femmes
Superstition du pays : Laisser son sac à main par terre vous appauvrira	

Le Brésil est un pays doté d'une riche culture, d'une joie de vivre et de paysages à vous couper le souffle, sans oublier ses plages paradisiaques et ses forêts tropicales.

Vous pouvez visiter la colline où se trouve le Christ rédempteur, Le Corcovado à Rio de Janeiro, manger à Sao Polo dans l'un des nombreux restaurants ou danser dans les bars et discothèques, admirer les 275 chutes d'Iguazu qui sont entre le Brésil et l'Argentine, vous balader dans les rues de Salvador et admirer l'architecture coloniale de la ville.

Je vous propose de vous éloigner un court instant des lieux traditionnels, touristiques et de me suivre dans un petit village, près d'un immense fleuve.

En avant Guingamp ! Partons à la découverte du fleuve Amazone

Le fleuve Amazone, situé en Amérique du Sud, est l'un des plus puissants du monde. . Il naît au Pérou, dans la cordillère des Andes, et termine sa course dans l'océan Atlantique dans le nord du Brésil. Le fleuve traverse trois pays : le Pérou, la Colombie et le Brésil. C'est dans ce dernier que nous nous arrêtons.

Saviez-vous pour quelle raison ce fleuve s'appelle l'Amazone ? Un explorateur espagnol, Francisco Orellana, fut attaqué par une tribu de femmes en 1541, alors qu'il naviguait sur les eaux du fleuve. Voyant leur façon de se battre, il fit le lien entre elles et les guerrières Amazones. C'est donc en découvrant le fleuve et en même temps la puissance de ces femmes qu'il a nommé le fleuve : Amazone.

Un dauphin étonnant !

Le long de ce fleuve, plusieurs villages sont installés. Y vit également un majestueux mammifère : le dauphin rose qui peut atteindre 2,80 m de long et peser jusqu'à 160 kg, ce qui en fait le plus grand mammifère d'eau douce. Il possède aussi des moustaches ressemblant à celles d'un chat, ce qui est rare pour un dauphin. Il n'a pas une excellente vue ; en effet, il peut voir la lumière mais pas les formes. C'est un gentil dauphin qui peut sauver les gens de la noyade ou voler pour le fun les pagaies des bateaux. Il est amusant et très sympathique. Hormis sa couleur étonnante, on le reconnaît à son cri, semblable à un sifflement.

Cela donne envie de partir à sa rencontre, de jouer avec lui et d'attendre un soir de pleine lune que la magie opère.

Boto le beau gosse

Boto est le nom du dauphin et sa légende est célèbre, si bien que certaines personnes partent en expédition pour avoir la chance d'assister à sa transformation.

Il ne s'agit pas, pour une fois pas d'une histoire de fantôme ou de monstre, mais d'une légende que l'on peut aisément conter à un large public.

Dans chaque village en bordure du fleuve Amazone, au mois de juin se préparent des festivités, de la danse, de la musique. On rit, on chante, on s'amuse.

Chaque soir de pleine lune durant des festivités, Boto le dauphin se transforme en un beau jeune homme, rieur, danseur, blagueur. Toutes ces qualités ne peuvent que charmer ses futures dulcinées. Boto fait son apparition, vêtu de blanc et coiffé d'un grand chapeau qui lui cache son front de… dauphin.

Lorsque Boto jette son dévolu sur une femme, il ne fait pas les choses à moitié.

C'est un soir de pleine lune près de l'Amazone que Boto décide de rejoindre la fiesta du village. Il y a des familles, des couples et des personnes célibataires. Boto aime draguer. Lorsqu'il aperçoit Maria au loin, c'est un coup de cœur, que dis-je, un coup de foudre. Il s'approche de la belle brune, lui propose de partager une danse et quelques mots. Une fois que la femme est charmée, ils vont tous les deux au bord du fleuve et commencent à se déshabiller pour forniquer. Mais pour lui, c'est surtout pour féconder. La belle brune ne voit que son apparence d'humain et non de dauphin : il a le torse, les mains et le sexe d'un homme. Une fois leur affaire faite et après quelques câlins, Boto disparaît au matin, laissant Maria seule au bord de l'eau.

Trois mois après, la belle découvre qu'elle est enceinte (non, pas d'un dauphin) et donne plus tard naissance à un fils.

Cinq ans plus tard, le fils de la belle brune jouait à une fête du village. Il voit au loin un dauphin se transformer en homme, et l'homme s'approcher de lui. Boto le regarde et lui dit qu'il a bien grandi et qu'il lui ressemble ; le petit garçon ne comprend pas. Boto finit par lui expliquer que c'est lui son père et, pour preuve, qu'ils ont le même grand front.

Pris de panique, l'enfant court vers son grand-père lui raconter ce qu'il venait de voir et d'entendre. Le grand-père avait eu vent d'une légende qui racontait qu'un dauphin rose pouvait se transformer en homme. C'est à partir de ce jour que, dans le village, la légende est née : si une femme célibataire accouche, alors l'enfant est celui de Boto.

Depuis, cette histoire est racontée aux jeunes femmes pour les mettre en garde et qu'elles ne forniquent pas à la volée près du fleuve, au risque de tomber enceinte d'un dauphin.

Moralité de la légende

Les gens sont surprenants, et certains plus que d'autres. Attention à ne pas trop festoyer près d'une source d'eau.

Canada, Ontario, province Toronto

Légende : Le tunnel hurlant	**Thèmes :** Enfant, hantise
Lieu : Les chutes du Niagara	**Particularité :** Le tunnel se réveille à minuit
Superstition du pays : L'agressivité des mouches annonce l'orage	

L'Ontario est une province canadienne vivante, multiculturelle, riche. Elle possède un patrimoine naturel très varié et abrite deux villes importantes : Ottawa, qui est la capitale fédérale, et Toronto, qui est la capitale provinciale. L'atmosphère de l'Ontario est forgée par une identité unique car la province a baigné avec différents peuples comme les Iroquois ou les Algonquins et plus récemment les Anglais et les Français.

Vous pouvez d'ailleurs visiter le parc Algonquin, qui est le plus ancien parc national du Canada. Là, vous pratiquerez la randonnée pédestre, ferez du bateau, du vélo, des pique-niques face à un beau paysage et, lorsqu'il neige, vous pourrez faire une balade avec des chiens de traîneau ou en motoneige.

Vous pouvez également faire un tour sur les plages de Sandbanks situées sur les rives du lac Ontario : la vue des paysages est magnifique et la faune ornithologique y est abondante.

La gastronomie de cette province offre un savoureux mélange de toutes les nouvelles cultures qui s'y sont installées. Chaque région de l'Ontario met en avant sa gastronomie en fonction de ses racines, ce qui donne un melting-pot gustatif très intéressant. Mais le mets incontournable reste le Fish & Chips ! J'allais oublier le plus important ! Connaissez-vous les chutes du Niagara ? Pas le groupe de musique, non ! Les chutes immenses sur la rivière Niagara, à la frontière des États-Unis, et qui sont au nombre de trois. Le paysage est exceptionnel et fabuleux ; ce sont des souvenirs que vous gardez toute votre vie, tant ils resteront gravés dans votre mémoire. Avec leurs 50 mètres de haut, les chutes ont une musique particulière : celle des eaux qui tombent dans la rivière. Vous pouvez les contempler via une croisière, un hélicoptère ou par un tunnel, c'est d'ailleurs ici que s'arrête notre présentation de l'Ontario.

La petite fille du tunnel

Dans les années 1900 a été construit un tunnel de 40 mètres de long sous les voies ferrées qui relient Toronto à New York. Ce tunnel est étroit et sombre, mais on peut y marcher, se balader ou rouler en voiture.

Les allumettes peuvent être dangereuses : même si elles servent à éclairer les endroits isolés ou à allumer une cigarette, elles sont proscrites dans ce tunnel.

Il y a bien des années, la date exacte n'étant pas connue, une petite fille de 8 ans était poursuivie à côté des chutes du Niagara par deux hommes qui voulaient lui faire du mal. Plus elle courait, plus elle s'éloignait de chez elle. La petite fille, voyant le tunnel, s'y réfugie. Malheureusement, ses deux agresseurs la retrouvent et la balancent sur le sol. La pauvre, apeurée, était et en pleurs, mais personne ne pouvait l'entendre. Elle était seule face à ces deux monstres. Ils lui ont jeté de l'essence sur le visage, sur tout le corps, et ont allumé une allumette. La pauvre gamine a été brûlée vive et laissée pour morte.

Il semblerait que depuis ce drame, le tunnel parle.

N'allumez pas d'allumettes à minuit !

Il est 21 h 30 et nous sommes dans les années 2000, lorsqu'un couple passe par le tunnel pour aller contempler les chutes du Niagara. Arrivés sur place, l'homme et la femme sont époustouflés par tant de beauté, le son de l'eau, la hauteur et la grandeur du lieu. Ils sont comme suspendus dans le temps, abasourdis par ce paysage : ils sont au paradis.

Le couple discute, mange un casse-croûte et décide, quelques heures plus tard, de rentrer se reposer à l'hôtel.

Il est minuit lorsque l'homme et la femme rentrent. Ils passent dans le tunnel par lequel ils étaient arrivés, mais il fait sombre et une sensation de grosse chaleur les envahit. Il n'y a pas de lumière ni de lampadaire de fortune. La femme décide de frotter la dernière allumette qu'elle a dans son sac pour pouvoir continuer de marcher et voir où elle met les pieds.

En y mettant le feu, des cris et des hurlements ont retenti dans tout le tunnel : une petite fille hurlait à la mort et demandait de l'aide pour que quelqu'un vienne la sauver. Le couple pensait au départ à une hallucination sonore, mais plus ils avançaient vers la sortie, plus les hurlements étaient plus forts et violents. Ils ont couru en dehors du tunnel et se sont dépêchés de rentrer dans leur hôtel.

Le couple choqué par ce bruit et ces cris est resté enfermé quelques jours dans la chambre sans pouvoir trouver d'explication concrète de ce qu'il avait vécu.

Moralité de la légende

Un lieu sombre peut cacher un triste et lourd secret.

Colombie

Légende : La Patasola	**Thèmes :** Vampire, traîtrise
Lieu : Dans les forêts de Colombie	**Particularité :** Elle regrette les conséquences de son infidélité
Superstition du pays : Faire le tour de la maison avec une valise vide aide à faire un grand voyage l'année suivante	

La Colombie est un pays riche en mythes, en légendes et en terres paradisiaques. En effet, lorsque vous poserez vos pieds sur ce sol, vous ne pourrez qu'être abasourdi par la beauté des paysages comme les collines verdoyantes de la Zona Cafetera, qui est la région du café, la ceinture volcanique andine, l'immense forêt amazonienne ou encore le désert de la Guajira. Vous pourrez découvrir également des villes plus touristiques comme Bogota, Carthagène ou Cali dans lesquelles la gastronomie offre une variété de plats à base de grillades et de riz. La gentillesse des habitants vous séduira également. La musique résonne dans les rues des villes, les histoires de famille se racontent autour d'un bon verre, et les enfants jouent au ballon sur ces sols gorgés d'histoires.

L'infidélité a ses conséquences

Il existe en Colombie une femme à un pied : la Patasola. Elle anime les frissons lors de soirées pour se faire peur et sa légende folklorique n'est pas uniquement liée à l'imaginaire.

Je vais vous raconter l'histoire de cette femme qui retentit dans toutes les campagnes de Colombie.

La Patasola était une femme belle et séduisante, mariée à un paysan employé comme garçon de ferme. L'employeur de son mari, le propriétaire des lieux, allait draguer la femme du paysan en lui offrant des cadeaux et en la complimentant. Sensible à son charme, elle s'est jetée dans ses bras, en cachette de son époux.

Les voisins qui ont vu de leurs propres yeux l'infidélité de la femme sont allés tout raconter au mari. À son retour, après une dure journée de travail, il rentre chez lui et voit sa femme et son patron enlacés dans leur lit conjugal. Le mari a la rage et va chercher sa machette pour tuer les deux traîtres. Il tranche la gorge de l'homme et coupe la jambe de sa femme puis l'étrangle, arrêtant son souffle vital. Heureusement, leurs trois enfants n'étaient pas sur les lieux.

Pris de panique, le mari mit le feu à la ferme, et emmena leurs enfants dans une autre ville.

C'est lorsque la famille s'est enfuie que l'âme de Patasola est apparue pour la première fois. Elle ne peut que sauter, car il ne lui reste plus qu'une jambe et ne fait qu'observer les conséquences de son infidélité.

Fuyez la tentation

La légende raconte que Patasola a une apparence magnifique au premier abord, qu'elle séduit les hommes pour ensuite les dévorer. Mais sa vraie nature est celle d'un vampire violent : elle a d'immenses yeux, d'énormes crocs et une très grande bouche. Elle émet des hurlements qui résonnent comme étant le regret de son acte. Elle se délecte de la chair et du sang de ses victimes. On raconte qu'à la nuit tombée, Patasola jette son dévolu sur un homme, le charme et disparaît avec lui pour lui broyer ses os. Mais comment fait-elle sur une seule jambe ? Elle fait de grands bonds silencieux.

Elle attaque aux abords des forêts et des buissons dans les campagnes de Colombie.

Depuis, les épouses colombiennes préviennent leur mari afin qu'ils ne tombent pas dans le piège de la tentation de Patasola. Une façon de leur dire : si tu me trompes, tu te feras broyer, c'est une technique qui se vaut.

Une autre version raconte qu'un homme infidèle a tellement fait souffrir sa femme, que, en se baladant dans les forêts avec ses différentes conquêtes, il fut happé par Patasola et mangé tout cru.

Moralité de la légende

Tu ne tromperas point.

États-Unis, Colorado, Estes Park

Légende : L'hôtel Stanley	**Thèmes :** Hantise, fantôme
Lieu : Dans différents lieux de l'hôtel	**Particularité :** Il a inspiré le roman *Shining* de Stephen King
Superstition du pays : 1 cent trouvé par terre est synonyme de richesse	

Le Colorado est reconnu pour ses paysages rocheux, ses montagnes, son désert, ses canyons, ses forêts alpines et ses vignobles. Le pays nous plonge dans une culture bien singulière, et nous fait voyager au cœur d'un quotidien parsemé de couleurs, d'où son nom Colorado, « couleur rouge ». Vous pourrez y visiter par exemple le centre-ville de Durango, qui est nommé dans le registre des districts historiques. Si vous souhaitez skier dans un lieu magique, rien de tel que le Purgatory Resort (ne prêtez pas attention à son nom). Faites aussi un tour dans la ville de Denver, découvrez ses hauts buildings dans un paysage verdoyant et montagneux.

Les habitants de ce pays sont chaleureux et accueillants, les Américains comme les Amérindiens, même si ces derniers ont été déplacés il y a quelques années dans des terres plus hostiles : les Cheyennes, les Arapaho, les Apaches.

Personnellement, j'adore visiter les parcs, et découvrir leur trésor, leur faune et leur flore. J'ai donc jeté mon dévolu sur la ville d'Estes Park, et plus précisément sur l'hôtel Stanley, qui est un établissement 3 étoiles offrant une vue panoramique sur les montagnes Rocheuses.

Avant même que son roman ne devienne un film, c'est en téléfilm l'œuvre de Stephen King fut diffusée. Le romancier a d'ailleurs insisté pour qu'une des scènes soit tournée dans le couloir de la mort de l'hôtel Stanley. Savez-vous ce que ce lieu a de particulier ?

Je veux voir des fantômes !

Ce qui est intéressant dans l'hôtel Stanley, c'est qu'il est réputé comme étant le plus hanté des États-Unis, rien que ça ! Des rumeurs disent que le lieu est effrayant, qu'en plein milieu de la nuit des bruits de fêtes retentissent dans les chambres, des choses vous réveillent en plein sommeil, des fantômes vous font sursauter dans votre baignoire. Pourtant, c'est l'un des lieux les plus touristiques du Colorado, peut-être à cause du film *Shining*. En tout cas, les visiteurs ont une soif d'adrénaline !

L'hôtel Stanley est implanté en pleine nature depuis 1909. Plusieurs personnalités, comme l'empereur du Japon ou Théodore Roosevelt, y ont séjourné. C'est lors du passage de Stephen King avec sa femme que les fantômes se sont réveillés à la vue de tous et pas uniquement chez les voyageurs en transit. Depuis, l'hôtel propose même, de jour comme de nuit, des circuits touristiques fantomatiques et paranormaux. Hormis ces événements et ces attractions quelque peu perturbants, l'hôtel propose des moments de détente et de bien-être dans son spa et un bon repas en couple ou en famille dans son restaurant les Cascades, lieu qui semble aussi autant chargé que le reste. Et pour détendre l'atmosphère, sachez que dans cet hôtel a été tourné le film *Dumb et Dumber* de Peter Farrelly (1995). C'est d'ailleurs à partir de ce visionnage que je suis tombée fan de la coupe au bol, que je fais actuellement à mon fils.

Allons visiter l'hôtel

Commençons notre pèlerinage dans la chambre 217, dans laquelle Stephen King et sa famille ont passé leurs vacances :

chambre idéale pour se reposer et se faire de nouveaux copains… morts.

Si vous dormez dans cette chambre, vous pourriez rencontrer Elizabeth Wilson qui était une ancienne femme de ménage de l'hôtel : elle aime l'ordre et ne supporte pas que les chambres ne soient pas rangées. Elle s'occupe de cet étage et fait en sorte que les voyageurs soient dans une atmosphère saine et propre. Seul hic : elle est décédée. Je dois dire qu'un fantôme qui fait le ménage c'est plutôt pratique !

Prenons l'ascenseur et montons au quatrième étage, là où les entités font la fiesta. Vous pourrez entendre des cris d'enfants qui s'amusent dans les couloirs, voir des chambres totalement désordonnées, des lumières et robinets qui s'allument en pleine nuit. Question nouba, quand on aime les fantômes, c'est génial, surtout quand vos enfants cherchent à se faire de nouveaux potes !À la vue de l'ambiance générale et des « attractions » proposées, je suis sûre que vous trouverez votre bonheur en termes de sensation forte. Faites attention néanmoins aux racontars, car les histoires peuvent être bien pires que celles contées dans ce chapitre.

La légende raconte que seuls les touristes suspicieux et sceptiques ont la chance de vivre des nuits d'horreur.

Un homme a même témoigné en disant qu'il avait été victime d'un fantôme maniaque : lorsqu'il sortait faire sa randonnée quotidienne, son agenda était remis à l'endroit même où il avait été posé à son arrivée, sur la table de chevet. L'homme avait beau le laisser sur la chaise ou le lit de sa chambre, son agenda retrouvait toujours la même place.

Moralité de la légende

Même dans les lieux les plus horrifiques, il y aura toujours un spa et un restaurant pour se détendre.

États-Unis, Illinois, Chicago

Légende : Homey D., le clown	**Thèmes :** Tueur en série, clown
Lieu : Dans son van	**Particularité :** Le clown est né d'une série télévisée
Superstition du pays : Lorsqu'une personne tombe sur le nombre 606, cela annonce un événement heureux.	

Nous voici à Chicago, cette magnifique ville où tout est possible. Elle est reconnue comme étant celle où l'entreprenariat est roi. Peu importent vos idées, si vous êtes bien entouré, vous y verrez vos rêves se réaliser.

Saviez-vous que Chicago est la ville du blues ? Vous pouvez écouter cette belle et historique musique dans les bars ou dans les festivals, comme le Chicago Blues Festival. Ensuite, rien de tel que d'aller goûter

la Deep Dish Pizza, plat à ne pas rater, sur laquelle baigne beaucoup, beaucoup de fromage et qui a une garniture très généreuse faite de viande, de saucisse ou même de poulet.

Vous souhaitez un moment détente en bord de plage ? Je vous propose de poser vos pieds sur l'une des trente plages du lac Michigan, qui est le cinquième plus grand lac du monde.

Entre arts contemporains, la LGBT Pride, les balades en bateau sur la rivière, les soirées animées de la ville, vous trouverez sûrement votre bonheur.

Pour la petite histoire, mon chéri adore jouer au flipper. Eh bien, j'ai découvert que Chicago était la ville du flipper, là où il avait été inventé par des mécaniciens et des électriciens au chômage en 1930.

Vous voulez faire une pause ? Marre du tour de la ville ? Très bien, je vous emmène en balade dans un van.

J'entends le van arriver

Vous êtes arrivé à destination. Je vois le van arriver. Cachez vos enfants et partez très vite, fuyez !

Avez-vous peur des clowns ? De leur sourire si particulier ? Personnellement, ils ne me font pas peur, mais me mettent très mal à l'aise. Si j'en croise un, je ne mets pas ma main à couper que je lui ferais la conversation.

Au début des années 1990, l'émission télévisée « In Living Color » mettait en scène un ex-détenu devenu clown, Homey D. Clown, joué par Damon Wayans. Le clown avait un maquillage basique, un nez rouge et une perruque frisée rouge.

Dans la série télévisée, Homey se baladait et frappait avec une chaussette les enfants pas sages. Cette idée totalement malsaine a créé une panique au sein des élèves des écoles primaires au point qu'ils craignaient de croiser ce clown terrifiant. Certains ont même témoigné l'avoir vu dans les enceintes de leur école. Une hystérie malheureuse collective s'était créée à cause d'une série télévisée, mais pas uniquement.

Quand la folie explose

La légende raconte que plusieurs clowns nommés Homey se baladeraient dans un van noir, marron ou blanc, portant l'inscription « Ha-Ha » afin d'attirer les enfants de Chicago, de les kidnapper et de les tuer.

Bien que son apparence ne soit pas attirante mais plutôt effrayante, certains parents disent que leurs enfants ont été enlevés par Homey le clown, ils ne les ont jamais retrouvés.

La police à l'époque ne prend pas très au sérieux l'affaire des clowns tueurs et se concentre plus sur des kidnappingsclassiques.

Ce qui était à l'origine un divertissement s'est transformé en un prétexte et une opportunité de commettre des crimes immondes et de traumatiser les enfants ayant eu vent de ces histoires.

La rumeur raconte que le clown se balade de temps en temps dans les rues de Chicago sans que personne puisse l'attraper.

Moralité de la légende

Ne montez pas dans le van d'un inconnu, vérifiez toujours qui se cache sous un déguisement et courez si vous voyez le clown.

États-Unis, Michigan, Detroit

Légende : La petite fille de Knock Knock Road	**Thèmes :** Enfant, hantise
Lieu : Dans votre voiture	**Particularité :** La petite fille recherche son assassin
Superstition du pays : Les mauvaises nouvelles arrivent le troisième jour du mois	

La ville de Detroit est connue pour ses voitures – on la surnomme d'ailleurs « Motor City » –, mais elle ne se résume pas uniquement à l'automobile. En effet, vous pourrez y voir de somptueux bâtiments architecturaux. Nous commençons notre visite avec le théâtre Fox, un magnifique lieu datant de 1928. Lorsque passez la porte d'entrée, c'est un autre monde qui s'offre à vos yeux : la décoration, les murs, tout est beau. Certaines célébrités, comme Alicia Keys ou le groupe Incubus, y ont donné des concerts. Les bars et restaurants de la ville ont su garder leur authenticité et proposer des plats locaux ; les magasins sont pour la plupart axés sur les voitures, car c'est ce qui a fait que cette ville est connue. En revanche, si vous préférez un moment calme et tranquille, je vous conseille de vous rendre dans le bel Isle Park : il abrite une grande et somptueuse fontaine, et est idéal pour se ressourcer ou faire une pause.

J'aimerais vous reparler des voitures. Si je reviens sur ce sujet, ce n'est pas pour rien : il faut absolument que je vous conduise là où cette légende a commencé, là où se déplacer avec ce moyen de locomotion prend une tout autre tournure. Pour certains c'est la porte de la curiosité ; pour d'autres, c'est celle de la peur.

Toc-Toc-Toc

En 1940, une petite fille rentre de l'école à pied sur le trottoir de la route de Strasburg à Detroit. Elle longe la route tranquillement, mais se fait tuer par un chauffard imprudent qui prend la fuite et qui n'a jamais été arrêté pour son homicide. Quelques jours plus tard, c'est une bande d'adolescents, en voiture sur cette route, qui se prend un poteau électrique : les jeunes meurent brûlés vifs. C'est une route plutôt verdoyante, se rapprochant de celles que nous pouvons voir dans les campagnes.

Depuis ces deux accidents tragiques, plusieurs événements viennent perturber les conducteurs qui ont le malheur de passer sur la Strasburg Road.

Ne vous arrêtez pas

La légende raconte que chaque voiture qui passe sur cette route se fait arrêter par le fantôme d'une petite fille : celle-ci vous regarde avec ses yeux sombres, vous dévisage autant qu'elle peut et se rapproche de votre porte pour toquer à votre fenêtre. Elle est à la recherche de son assassin. Le fantôme de la petite traque tout ce qui roule. Elle ne s'arrêtera que si elle retrouve son meurtrier, et vu les années qui passent elle n'y arrivera plus. Si vous souhaitez partir à sa rencontre, prévoyez une escapade de nuit vers 3 ou 4 heures du matin. Cela, bien évidemment, à vos risques et périls, car la curiosité peut parfois être un tout petit défaut.

Elle ne vous fera pas de mal, mais peut hanter vos nuits avec des cauchemars d'accidents de voiture.

La bande d'adolescents rôde aussi sur cette route : ils étaient trois garçons et une fille. L'esprit de chacun d'eux hante les lieux, non pas à la recherche de leur tueur – car seul le poteau électrique est la cause de leur mort –, mais pour continuer leur soirée, leur fête. Si, sur la route, vous voyez un lampadaire clignoter, cela annonce que vous allez passer un très mauvais quart d'heure entre coups sur vos vitres, musique qui se met à fond sur votre radio avec des hurlements de douleur. Ce ne sera pas juste un moment flippant, mais plutôt un moment terrorisant où il vaut mieux qu'aucun fantôme ne rentre dans votre voiture.

Cette route est désormais surnommée : Knock Knock Road.

Moralité de la légende

Faites toujours attention sur la route et ne vous fiez pas aux lampadaires.

Hawaï

Légende : Les marcheurs de nuit	**Thèmes :** Guerriers, fantômes
Lieu : Dans certaines vallées d'Hawaï	**Particularité :** Il faut faire le mort pour leur échapper
Superstition du pays : Voler une pierre de lave d'un volcan, du sable ou de la roche est signe de malédiction	

Hawaï est riche en culture, musique, art, gastronomie. C'est un archipel multiculturel qui abrite six îles singulières :

– Kauai, où vous pouvez admirer des vallées d'un vert étincelant, de somptueuses montagnes, de belles falaises, des forêts tropicales et des cascades hors du commun. Vous pouvez y découvrir les fonds marins ou survoler les vallées avec une tyrolienne ;– l'île Oahu qui offre un contraste avec les anciennes et les nouvelles cultures d'Hawaï. La population est diversifiée : c'est un mélange de cultures occidentales et orientales ;

– l'île Molokai est riche en panoramas ; entre les falaises, le parc national Kalaupapa, vous aurez de quoi faire et le large choix pour les découvertes ;

– l'île Lanai où de grands complexes luxueux ainsi que des parcours de golf sont implantés : elle est idéale pour des vacances au calme ;

– l'île Maui

où vous pourrez assister à la migration des baleines en hiver ou apprécier le lever du soleil sur le sommet du volcan Haleakala ;

– et pour finir, l'île d'Hawaï, surnommée « La Grande Île ». Vous souhaitez vivre une expérience unique, alors cette île est parfaite pour vos futures découvertes. Entre les immenses volcans tels que Manauka ou Manaula, ou l'étendue de la plage au sable de noir de Punaluu, vous serez imprégné d'un paysage hors du commun.

Et si nous nous arrêtions dans les vallées ?

Lorsqu'on visite un pays ou une île, la découverte des lieux et des habitants forge notre voyage. Ce qui est incroyable, c'est la richesse des mythes et des légendes. Chaque île a sa propre version et sa propre finalité. Allons ensemble à la rencontre de guerriers particuliers.

Ne marchez pas la nuit

Les marcheurs de nuit sont les esprits diaboliques d'anciens guerriers hawaïens. Ils sont maudits et doivent marcher en une ligne sur les îles hawaiiennes. Ils sont visibles la nuit, mais si vous entendez leurs pas, des sons de tambour et si vous sentez une odeur nauséabonde, cela signifie qu'ils s'approchent de vous : ce n'est pas bon signe. Dans la vie terrestre, ils étaient respectés et craints, ils devaient effectuer leurs devoirs de guerriers. Et dans la vie de l'au-delà, ils annoncent un mauvais présage. Si les torches vont dans votre direction, il est vivement conseillé de vous coucher face contre sol et de faire le mort afin de leur prouver votre respect et de ne pas vous faire tuer.

Les marcheurs de nuit, ces guerriers fantômes, traversent généralement les villes et les jungles, ils se déplacent la nuit pour ne pas être repérés.

Ne sifflez pas dans la pénombre

S'il vous venait à l'esprit l'envie de siffler tranquillement dans la nuit ou la pénombre, cela vous est vivement déconseillé, car cet acte est synonyme d'invocation, et vous pouvez être sûr que les marcheurs de nuit vous traqueraient.

Si vous souhaitez, après les plusieurs avertissements, partir à leur rencontre, vous pourrez visiter le Kapiolani Park, dans lequel les marcheurs de nuit se baladent.

Moralité de la légende

Faire le mort peut vous sauver la vie.

Mexique

Légende : Les pleurs de la Llorona	**Thèmes :** Infanticide, hantise
Lieu : Dans tout le Mexique	**Particularité :** Elle est rongée par la culpabilité
Superstition du pays : Les excréments de poulet aident à faire pousser les cheveux.	

Bienvenue au Mexique ! Nous faisons un stop dans ce pays festif, avec ses villes colorées, ses habitants souriants et chaleureux. Cette destination paradisiaque offre une variété de panoramas tels que les plages au sable blanc et mer turquoise, les eaux cristallines des gouffres de Cenotes, lieu de culte pour les anciens Mayas, le site archéologique du Chichen Itza qui est inscrit parmi les sept merveilles du monde, avec le somptueux temple de Kukulcan. Il est évident que vous serez ébloui par la beauté de ce pays, de ses villes et villages. Le climat est lui aussi varié. Si vous souhaitez partir à l'aventure, rien de tel qu'une randonnée dans la jungle tropicale pour observer les cités perdues et, si vous préférez goûter des plats traditionnels, sachez que la gastronomie mexicaine est inscrite au patrimoine mondial de l'Unesco.

Entre festivités, culture et aventure, ce pays est une accumulation de trésors et saura ravir chacune de vos envies.

Le Mexique n'est pas uniquement touristique, il abrite une mine de croyances, de traditions et est ancré dans la spiritualité.

Avez-vous déjà entendu parler de la Santa Muerte ? Elle est la Dame de La Mort, elle est invoquée pour protéger l'humain contre la malchance et le mauvais œil. Elle peut être aussi appelée pour demander une mort plus douce. Elle s'est inscrite dans la culture mexicaine depuis de très nombreuses années et est adulée par tout le pays.

Il existe différents mythes et légendes issus de ce pays, et j'ai eu envie de vous raconter l'une de ces légendes : c'est l'histoire d'une femme, d'une mère originaire de la civilisation aztèque et crainte dans toute l'Amérique latine : La Llorona

Maman pourquoi tu nous as tués ?

C'est l'histoire d'une mère de famille mariée à un tyran. Un jour, il décide de la quitter et la femme devient folle : ne supportant pas cet abandon, elle pète littéralement un plomb. Elle se retrouve seule avec ses deux jeunes garçons qui sont tout pour elle : c'est une maman aimante.

Le jour où son mari l'a quittée, ses enfants et elle vont se balader dans un village mexicain près d'une rivière.

Le temps est propice à la baignade, le soleil chauffe leur peau. Mais, peu à peu la mère se transforme, son visage devenant de plus en plus tiré. Puis elle vrille complètement et s'en prend violemment à ses deux garçons qu'elle n'hésite pas à noyer dans la rivière.

Lorsque leur souffle s'arrête, elle regrette son geste, mais il est malheureusement trop tard.

Ne traînez pas près des lacs et des rivières

La Llorona (la pleureuse) est le nom donné à la mère infanticide : c'est depuis son double crime que la légende est née dans toute l'Amérique latine.

Les petits Mexicains se couchent souvent avec l'histoire sordide de cette famille. Ainsi, leurs parents les dissuadent de marcher seuls dans la nuit.

On dit qu'elle pleure et qu'elle cherche ses deux garçons dans les rivières et les lacs du Mexique. Si vous entendez ses cris, sachez que vous êtes déjà en enfer.

La Llorona est une femme sans visage, vêtue d'une robe blanche. Elle se lamente dans les rues du Mexique pour essayer de retrouver ses enfants. Si elle n'est pas dans les rues, elle traîne au bord des points d'eau en espérant les sauver. Lorsqu'elle arrive près de vous, vous entendrez ses lamentations et ses pleurs ; au loin une silhouette blanche s'approchera et, hop ! vous disparaissez.

Il est déconseillé de lui parler ou de lui apporter de l'aide, car votre vie en dépend.

Une autre légende raconte que la Llorona hante les rêves des petits garçons, à la recherche des siens. Les enfants se réveilleraient avec des peurs inexpliquées et des angoisses les conduisant à une paralysie du sommeil. Certains se réveillent et d'autres non, certains se retrouvent avec des traces de lutte sur le corps, la peau arrachée et des marques de strangulations sur le cou.

Même si cette légende est un peu « too much » à raconter aux enfants de sept ans, elle n'en est pas moins efficace : avec elle, aucun ne sort la nuit pour se balader de peur que la Llorona ne vienne le tuer.

Moralité de la légende

Si le visage de votre mère disparaît, fuyez !

CARAÏBES ET BAHAMAS

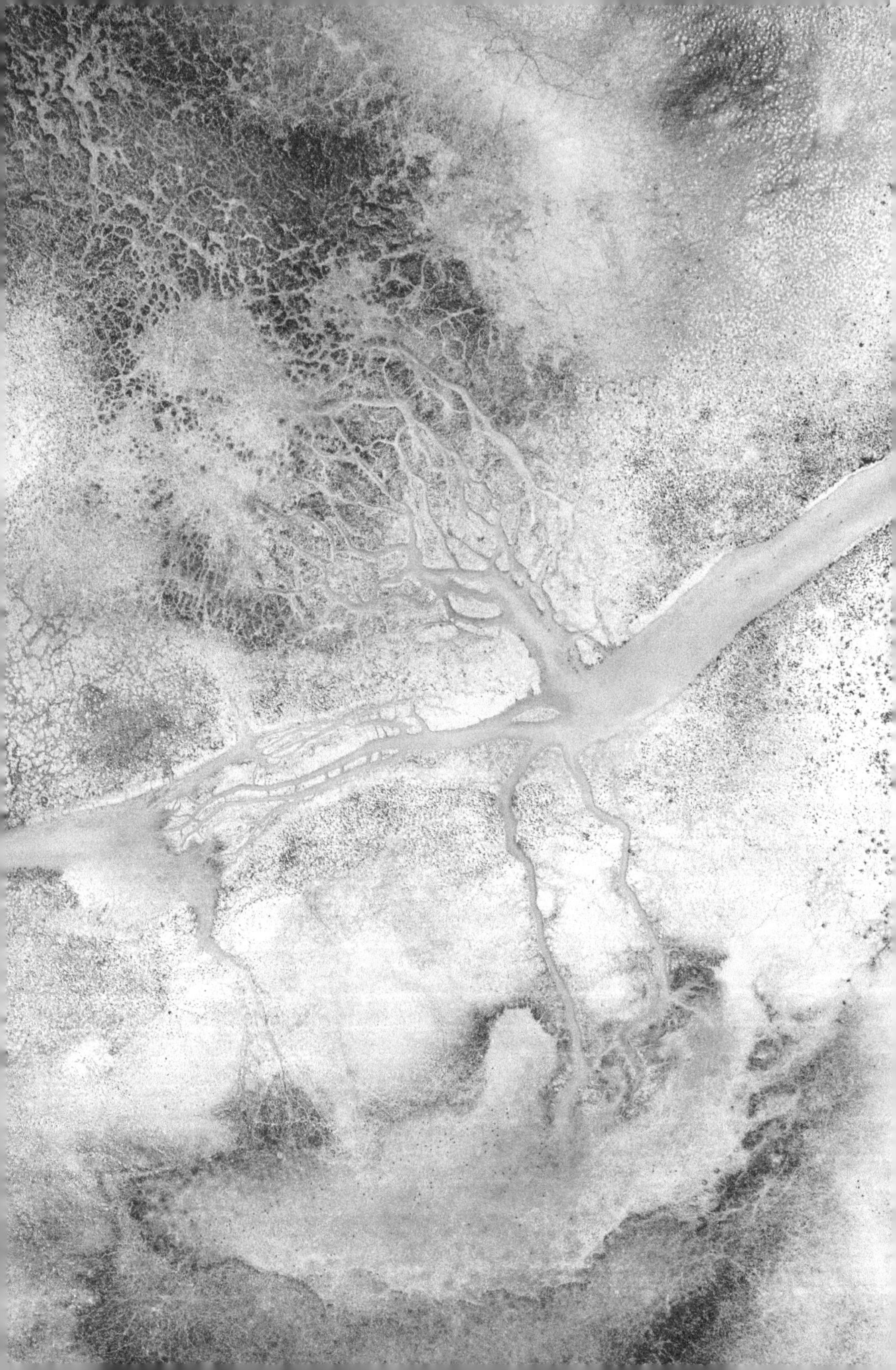

Barbade

Légende : La danse des cercueils	**Thèmes :** Entités, tombeau
Lieu : Dans le cimetière Chris Church	**Particularité :** Les morts n'aiment pas la collocation
Superstition du pays : Il ne faut pas prendre un bain de mer le jour du Vendredi saint, car cela porte malheur	

La Barbade est connue pour ses 110 km de plages de sable blanc et ses eaux cristallines. La meilleure saison pour visiter cette île se situe de janvier à avril, pour éviter d'éventuels cyclones.

Dans tous les pays du monde, nous pouvons trouver un cimetière en général sur les îles ou dans les villes, ce qui est normal compte tenu de l'extinction de l'humanité. Je plaisante ! La présence des cimetières, c'est le cycle de la vie, la mort, les enterrements, les caveaux ou les incinérations.

La légende suivante, je l'adore et je la trouve très intéressante, car elle symbolise le mysticisme et l'horreur à la fois.

Je crois avoir dérangé un mort

La légende se situe en 1792 dans le sud de la Barbade, dans le cimetière de Chris Church.

Le 14 mai 1792, Mr. James Helliot perd sa femme Elizabeth et décide de l'enterrer dans le cimetière de Chris Church, dans un caveau assez massif fait de corail compacté et de ciment. Le cercueil en bois fut placé dans une crypte creusée à même la pierre et était accessible par quelques marches descendantes. Le tout était fermé par une lourde porte de marbre. Quelques années plus tard, le caveau fut racheté par la famille Walrond, étrange idée n'est-ce pas ? Les acquéreurs voulurent ouvrir le caveau pour y mettre une amie, décédée bien sûr, Thomasina Goddard. À leur grande surprise, en poussant la porte de marbre, ils découvrirent que l'ancien cercueil avait disparu, et ce n'était pas Mr. James Helliot qui l'avait déplacé. Cependant, personne n'accorda d'importance à cette disparition.

L'année suivante, une riche famille de planteurs, les Chase, acquerrait le tombeau. Le colonel Thomas Chase était un être odieux et traitait de la pire manière ses esclaves. À quelques années d'intervalle, Chase avait dû faire enterrer ses deux petites filles : l'une décédée brusquement à l'âge de deux ans, et l'autre, plus âgée, se serait laissée mourir de faim pour ne plus subir la maltraitance de son père, pauvre petite. Elle rejoignit le cercueil de plomb de sa petite sœur. Des années plus tard, c'est l'horrible colonel Chase qui mourut de dépression. Au moment de placer dans le tombeau fermé avec du mastic le cercueil qu'ils portaient, les esclaves assistèrent à une scène spéciale : les cercueils étaient comme balancés contre les murs. Pour eux, c'était un « duppie » (esprit démonique) qui s'était défoulé dans la crypte. J'ai ma petite hypothèse : peut-être la première défunte ne voulait-elle pas de colocataire, et souhaitait faire passer ce message : « Vous êtes chez moi. »

Même après de longues années, le caveau continue à être maudit, à être hanté.

Les fantômes, défunts, spectres, démons peuvent exister dans les légendes urbaines ou dans la réalité, le tout est de ne pas les déranger. Durant mon métier de médium, j'ai été confrontée à des entités néfastes et agressives qu'il valait mieux ne pas provoquer. Sans quoi, leur mécontentement pouvait se traduire par des bruits violents au sein d'un foyer, un couple sans enfant qui entend chez lui les sanglots d'un bébé, des portes qui claquent, des odeurs nauséabondes d'excréments et j'en passe.

Moralité de la légende

Ne faites pas de colocation si la personne ne vous a pas donné les clés. Et méfiez-vous des esprits, ils sont souvent à vos côtés.

Bahamas

Légende : Lusca, le monstre des mers	**Thèmes :** Poisson, disparition
Lieu : Dans un cimetière	**Particularité :** Le poisson est très gourmand
Superstition du pays : Entendre un chien miauler la nuit signifie qu'une personne va bientôt mourir	

Les Bahamas abritent près de 700 îles et îlots. Cet archipel est prisé pour les lunes de miel et les vacances farniente. Les paysages sont paradisiaques et idéaux pour se déconnecter du train-train quotidien. La gastronomie est colorée et variée : elle repose sur l'utilisation des produits locaux de la terre et de la mer ; vos papilles ne peuvent en être que ravies. La cuisine des Bahamas est riche en épices : cannelle, muscade, clous de girofle, le tout pour parfumer les délicieux plats.

Sans oublier le maître de ces îles : le rhum.

Si vous souhaitez faire un peu de shopping, l'île de New Paradise, avec ses nombreuses boutiques détaxées, est celle qui vous faut. Si vous préférez être totalement dépaysé, rien de tel que la grotte de Hatchet Bay remplie de stalactites et stalagmites. Vous pouvez aussi vous diriger vers Nassau, la capitale des Bahamas. C'est une ville touristique riche en culture et en commerces.

Si je vous parle de repos, de Sunset et de gastronomie, c'est pour une raison précise : la légende qui suit est très présente chez les pêcheurs des Bahamas, peut-être moins chez les touristes qui vont se baigner dans la mer translucide sans se demander s'ils vont être le gueuleton de l'étrange créature des mers : Lusca.

La prochaine fois, j'écoute maman !

La légende raconte qu'une créature monstrueuse vit dans les eaux paradisiaques de cet archipel. Les pêcheurs locaux l'ont surnommée Lusca. Ce mélange de requin et de pieuvre aurait une taille allant jusqu'à 60 mètres.

On raconte que les tentacules de Lusca auraient englouti des bateaux de pêche et des plongeurs, qu'aucun n'est remonté vivant à la surface. Quelle idée de partir à sa rencontre lorsqu'on sait que la créature peut nous dévorer ! C'est comme dire à un enfant de ne pas mettre ses doigts dans une prise et qu'il force malgré tout le danger.

Le pêcheur qui n'est jamais revenu

Il est 5 heures du matin. Un pêcheur doit aller remplir ses filets de poissons pour les vendre sur les criées des différentes îles.

Son fils se lève au même moment pour aller aux toilettes. Il a un mauvais pressentiment : il sent que son père court un grave danger.

Il va immédiatement le voir pour lui dire qu'il vaut mieux reporter la pêche au lendemain, car il y avait quelque chose d'anormal. Son père ne l'écoute pas : il pense qu'il est encore dans un mauvais rêve ; à 5 heures du matin, difficile d'avoir un discours cohérent.

Le garçon repart se coucher, il est bouleversé par ce sentiment négatif et espère que son père n'aura rien.

Le pêcheur est sur son bateau. Il attend que les poissons mordent au filet, mais rien. Au bout d'une heure, le filet s'enfonce tellement dans l'eau que le bateau se retourne. L'homme est pris dans les vagues, et son corps a du mal à remonter à la surface. Il voit quelque chose s'approcher, c'est Lusca le monstre des mers.

L'énorme poisson ouvre sa bouche et engloutit tel un mort de faim sa proie. Fin.

Cette légende existe encore aujourd'hui : certains pêcheurs font plus attention que d'autres et évitent ainsi la confrontation face à la mort.

Moralité de la légende

N'allez pas courir vers le danger, juste pour le braver.

ASIE

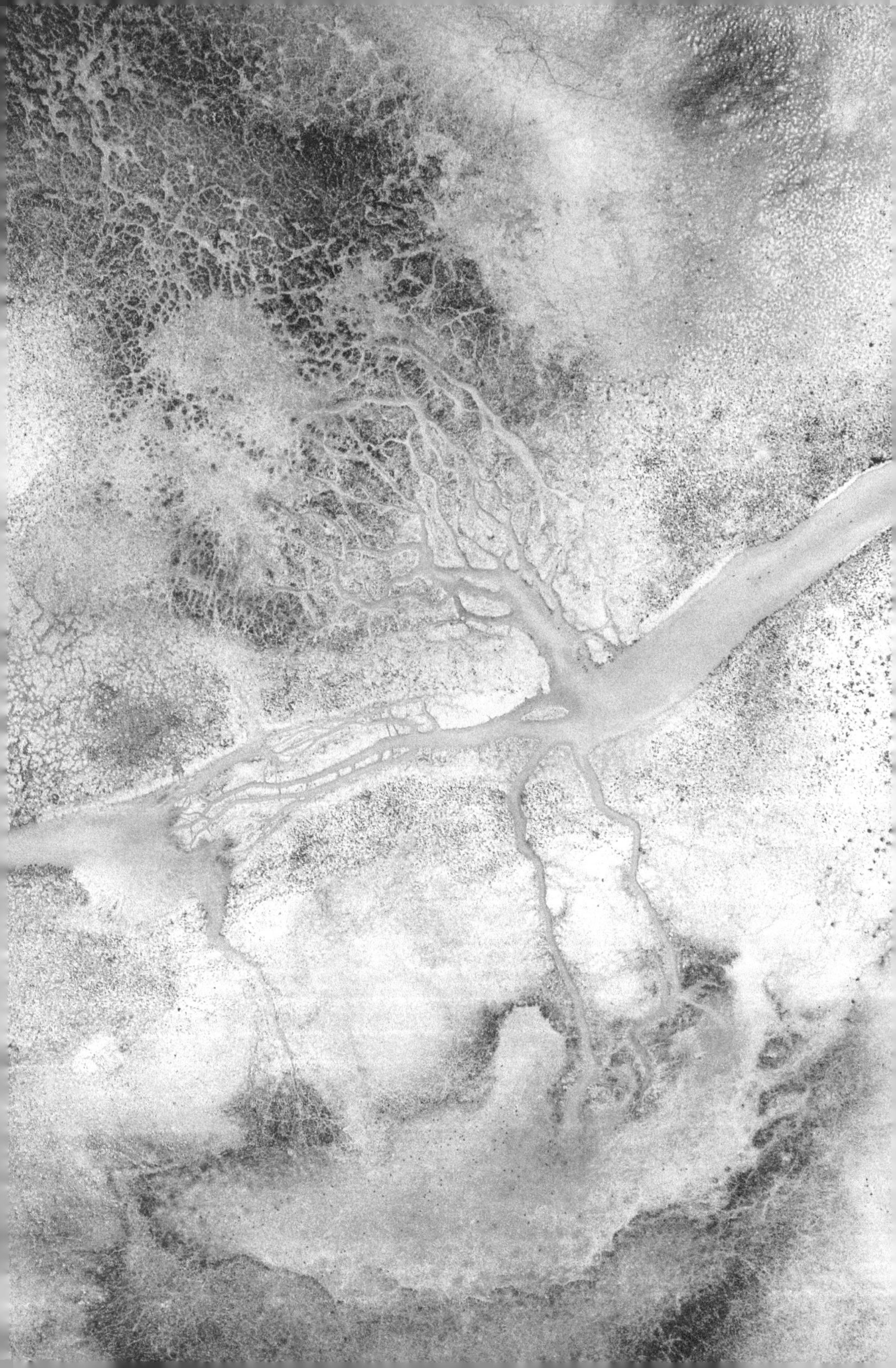

Arménie, lac Sevan

Légende : Le lac Sevan	**Thèmes :** Création, karma
Lieu : Aux alentours du lac	**Particularité :** Tout finit par se savoir
Superstition du pays : Éternuer une fois est un signe de bonheur, éternuer deux fois est un signe de malheur	

Ce chapitre me tient particulièrement à cœur, car je suis d'origine arménienne, et j'ai baigné durant mon enfance dans cette culture.

L'Arménie est un pays ayant une histoire tragique, celle du génocide arménien (1915-1918). Durant les vacances scolaires, j'allais en famille voir mon arrière-grand-mère à Marseille. Elle nous racontait ce qu'elle avait vécu lors de ces atrocités, ses sœurs tuées sous ses yeux et le miracle d'un homme égyptien qui l'avait sauvée. Outre son témoignage, je lisais des contes sur ma culture et des livres photos pour mieux connaître mes racines.

L'Arménie est un beau pays, très riche culturellement par son histoire mais aussi par l'architecture des églises – la religion chrétienne y tient une place importante – et par l'architecture soviétique de certains lieux.

C'est un pays à découvrir ; certains endroits sont difficiles d'accès, mais les taxis ou les bus n'hésiteront pas à vous y conduire. La gastronomie, à base majoritairement de viandes, d'épices et d'ail, est un délice. Les plats sont semblables à ceux que l'on peut trouver dans la cuisine libanaise ou grecque. Dans ce pays, la culture musicale est très ancrée, l'instrument principal étant le duduk, une flûte au son réconfortant et nostalgique.

Je pourrais vous parler des heures durant de l'Arménie, mais revenons à notre légende.

Il y a plus d'une dizaine d'années, nous sommes allés en Arménie pour le baptême d'un petit garçon de la famille. Une magnifique église à une demi-heure environ de la capitale Erevan, un beau paysage, une vue à vous en couper le souffle.

Nous logions dans un hôtel sur la place principale d'Erevan et nous adorions visiter les environs. Un jour, nous décidons de partir tous en bus, direction le lac Sevan.

L'anecdote du voyage retour

Je m'en souviens encore, comme si c'était hier. Arrivés au lac Sevan, nous nous sommes installés à la buvette, et avons contemplé ce lieu féerique.

Quelques jours plus tard, nous rentrions en France. Dans l'avion, la totalité de la famille se sentait mal. J'entends encore les bruits de vomissements ; que je tourne la tête à gauche ou à droite, chacun était mal en point. Moi y compris. Était-ce un coup de froid ? Une intoxication ? Ou la légende qui nous avait frappés ? Je vous laisse imaginer la scène et l'odeur de notre voyage retour.

Promis, je ne serais plus négligente

La légende raconte qu'une jeune femme était allée remplir des seaux d'eau dans une source, sur une terre fertile. L'eau qui coulait sur ce sol ne pouvait être arrêtée que par un rocher. La jeune femme, en quittant la source, a oublié d'y replacer le rocher pour qu'il n'y ait aucun débordement. La source a jailli formant ainsi une petite rivière qui, en prenant plus d'ampleur, est devenue un lac. La jeune femme dormait tranquillement pendant que cette catastrophe engloutissait petit à petit les habitations. Un homme agacé par cette négligence sortit de chez lui et demanda qui avait commis cette fatale erreur. La jeune fille ne dit rien.

L'eau de la source s'est donc transformée en un lac bleu turquoise, avec une île rocheuse ressemblant à la tête de cette jeune femme négligente.

Vous pouvez vous y baigner, mais si vous avez causé une erreur irréparable, alors le sort de cette jeune fille s'abattra sur vous et vous rendra intensément malade sur une courte durée.

Moralité de la légende

Il est important de réparer ses erreurs, et s'il n'est pas possible de le faire seul, il est important de demander de l'aide. Dans le cas contraire, le karma vous rattrapera.

Chine

Légende : Yuan Gui	**Thèmes :** Fantômes, justice
Lieu : Dans les villes chinoises	**Particularité :** Ils cherchent à faire justice
Superstition du pays : Les éclipses annoncent un malheur	

La Chine est un pays immense. Vous pouvez visiter les villes cosmopolites ou les villages traditionnels les plus reculés : peu importe votre choix, dans tous les cas vous serez comblé. Ce pays offre une grande diversité en termes d'hébergement – les hôtels se construisent à vitesse grand V –, de nombreux magasins et une culture bien singulière.

Vous pourrez y découvrir les rizières, la Grande Muraille de Chine considérée comme l'une des sept merveilles du monde et classée au patrimoine mondial de l'Unesco, ou encore Jiuzhaigou, la vallée des neuf villages, qui est une réserve naturelle abritant des lacs, des grottes et des forêts majestueuses.

C'est un pays très riche au niveau gastronomique : les plats sont uniques et certains sont incontournables, comme le canard laqué de Pékin, célèbre dans la capitale, lorsque vous visiterez cette belle citadelle, le porc épicé de Sishuan et ce que je préfère, les fortunes cookies, qui sont des biscuits en forme de lune avec un papier sur lequel est noté un mantra. La culture chinoise est l'une des plus anciennes du monde. Il existe différents dialectes et des coutumes propres à chaque ethnie. Chacune de ces ethnies se distingue par sa religion, sa morale, sa musique.

La notion de famille est très importante en Chine. En général, les grands-parents vivent avec leurs enfants et leurs petits-enfants. La hiérarchie est très stricte et respectée : les plus jeunes sont soumis à une pression pour réussir leurs études et avoir un bon travail et ainsi pouvoir subvenir aux besoins de leurs aînés. En effet, les familles prospèrent entre elles.

Ils sont à cheval sur la justice et tout acte doit être réfléchi. Comme vous avez pu le remarquer, j'adore les récits sur les fantômes, surtout quand ils sortent de l'ordinaire.

À bas les injustices

Avez-vous déjà été victime d'injustice ? Je parle de celle qui vous empêche de dormir, de vous sentir libre, de pouvoir vivre votre vie sereinement.Certains spectres et fantômes peuvent faire peur : ils ont une renommée négative et sont, pour la plupart, liés à divers sujets horrifiques.

Ceux que je vais vous présenter m'ont remplie d'empathie et de peine. Dans le monde des vivants, lorsqu'une plainte est classée sans suite, il n'y a presque pas de recours, que ce soit pour un vol ou des agressions. Dans le monde des morts, il existe un type d'esprits qui reviennent sur Terre pour justement faire régner la justice. Ils ne ressemblent pas un commando ou à des guerriers, ils ont un tout autre aspect.

À la rencontre des Yuan Gui

Les Yuan Gui sont les esprits des personnes ayant vécu des injustices. Ils ne peuvent pas vivre en paix dans l'au-delà ni se réincarner. Frappés d'une sorte de double peine, ils portent leur fardeau à travers leur mort. Bien que leur propre justice ne puisse pas être faite, et malgré leur état cadavérique, ils errent dans le monde des vivants pour essayer de communiquer avec les personnes qui leur viendraient en aide, que ce soit en leur donnant un indice ou en leur apportant une preuve.

J'adore ces fantômes : ils sont une sorte de justiciers invisibles, avec un aspect très triste et déprimé. Ils sont maudits et ne pourront jamais vivre leur mort paisiblement. Ils partent alors à la recherche des plus en détresse et tentent, comme ils le peuvent, de les aider.

C'est l'histoire d'une femme

La légende raconte qu'un soir une femme s'est fait voler son sac à main par quatre jeunes adolescents dans les rues de Pékin. Elle ne pouvait plus rentrer chez elle, car elle n'avait plus ses clefs ; elle ne pouvait appeler personne, car plus de téléphone. Elle décide alors de se rapprocher du commissariat le plus proche. Arrivée dans le bureau du policier, elle explique sa situation, mais il ne la croit pas et lui fait comprendre que, sans preuve, elle ne peut pas porter plainte. La femme insiste et supplie qu'on lui vienne en aide, mais l'officier ne veut rien entendre et lui fait savoir qu'il a mieux à faire. Au bout d'une heure, la pauvre est mise à la porte du commissariat et s'installe sur une bouche d'égout isolée dans une petite rue.

Heureusement pour elle, personne ne vient l'embêter. Prise de fatigue, elle tombe dans un sommeil profond malgré les bruits de la ville.

Au beau milieu de la nuit, la jeune femme sent une main sur son épaule. Elle ouvre les yeux et voit un vieil homme recroquevillé dont le visage est caché par un morceau de tissu sale. Le vieillard lui souffle le nom d'un restaurant qui se trouve à une rue d'elle. Sur le moment, elle ne comprend pas. Elle est tellement fatiguée qu'elle n'a même pas une once de peur. Elle se rendort sans se poser de question : elle est tourmentée par ce vol et non par la phrase du vieillard. Pour elle, c'est juste un clochard qui a voulu lui parler.

Au lever du jour, elle décide de se diriger vers la rue dont le vieillard lui a parlé. Elle ne sait pas pourquoi, mais une intuition positive s'empare d'elle.

La jeune femme arrive dans la rue et voit au loin les jeunes adolescents errer. Elle court vers eux. Par chance, un homme était à l'angle de la rue et a pu assister à la scène. Elle demande aux adolescents de lui rendre son sac qu'elle voit devant elle, ils refusent. L'homme bienveillant lui vient en aide et fait en sorte qu'elle puisse récupérer son bien.

Moralité de la légende

Si la justice terrestre n'effectue pas son travail, vous pouvez compter sur les Yuan Gui.

Corée du Sud

Légende : Les œufs de cafards	**Thèmes :** Beauté, parasite
Lieu : Sur le visage	**Particularité :** Un nouveau conseil de beauté
Superstition du pays : Écrire son prénom au stylo rouge provoque la mort	

La Corée du Sud est séparée avec celle du Nord par une frontière infranchissable. Seuls les avions ou les bateaux peuvent vous emmener dans cette partie du monde nommée « Pays du Matin calme ». Le pays connaît un essor dans les années 70 et devient aussi important que Hong Kong, Singapour et Taiwan.

Entre architecture, culture ancienne et moderne, la Corée du Sud offre un dépaysement incroyable. Vous pourrez y découvrir des temples bouddhistes classés au patrimoine mondial de l'Unesco, visiter la métropole de Séoul avec ses hôtels de luxe et sa vie attractive, arpenter la faune et la flore qu'offrent les montagnes, les rizières et les plages.

Les Sud-coréens ont des traditions qu'il vaut mieux connaître avant de tenter de communiquer : ainsi, il est mal vu d'éternuer dans un lieu public ou de serrer la main pour saluer une personne.

Sachez que, si vous souhaitez faire une soirée entre amis dans un restaurant, vous pourrez être quelque peu étonné des codes qu'ont les Coréens. Par exemple, c'est à la personne la plus âgée de commencer le repas, les plus jeunes devront attendre ;de même, vous ne pouvez pas aller aux toilettes ni sortir de table sans l'autorisation de l'aîné. Comme dans la culture chinoise, le respect du code est impératif, au risque d'offenser et de provoquer ses aînés.

Pour les Coréennes, la beauté est très importante, mais les normes sont différentes des nôtres. Elles cherchent à garder leur peau blanche et non bronzée, car la blancheur est signe de noblesse, alors que, moi personnellement, j'adore me prendre des bains de soleil et avoir un teint hâlé, mais je ne suis ni une noble ni une aristocrate. Elles veulent aussi avoir un visage parfait avec des traits fins et une peau lisse ; certaines se font même opérer de la mâchoire pour changer la forme en V.

Il existe des masques pour le visage, avec différents actifs naturels. Peut-être en avez-vous d'ailleurs déjà utilisés lors d'une séance bien-être et beauté. Certains sont faits pour hydrater, d'autres pour booster, atténuer les boutons ou donner un éclat à la peau.

Il n'est toutefois pas utile de chercher le produit parfait aux performances magiques, même si, dans notre société actuelle orientale ou occidentale, il est très important de prendre soin de soi selon les codes de beauté établis.

Je suis aussi persuadée que vous avez testé des cosmétiques aux résultats prometteurs, grâce aux publicités qui montrent, pour une cire d'épilation, une femme sans aucun poil, ou, pour un sérum rajeunissant, une femme de vingt-cinq ans. Après un mois d'utilisation, vous n'avez pas retrouvé votre jeunesse, quelle arnaque !

Le test de la dernière chance

La légende raconte qu'une jeune femme de quarante-deux ans se trouvait laide et vieille : elle avait de petites rides sur le front, la peau boutonneuse et le teint blafard.

Elle n'arrivait pas à éradiquer ces imperfections et se sentait mal à l'idée que son entourage continue de la voir comme cela.

Elle couvrait tous ses miroirs, se mettait un foulard pour cacher son visage lorsqu'elle sortait et ne parlait à personne. Un matin, alors qu'elle se prépare pour aller faire ses courses, un de ses amis l'appelle pour prendre de ses nouvelles et lui annoncer qu'il y a peut-être une solution à son mal-être : il avait entendu ce conseil d'un ami qui, lui, l'avait entendu de sa grand-mère qui, elle, l'avait entendu d'une cousine lointaine.

La méthode révolutionnaire était simple : mettre un cafard sous l'oreiller et attendre le lendemain matin pour voir la magie opérer.

Après avoir fait ses courses, la jeune femme se met en quête d'un cafard. Elle en trouve un assez gros dans sa cage d'escalier et le capture. Elle le met dans un verre couvert d'un papier pour qu'il puisse respirer.

Le soir arrive et la jeune femme se couche dans son lit en prenant soin de bien mettre ce parasite sous son oreiller. Elle avait tellement d'espoir : c'était sa dernière chance de redevenir jolie à ses yeux.

Le lendemain, elle se réveille avec une sensation de bien-être incroyable : ses rides et ses problèmes de peau avaient disparu ! Elle était si contente !

Quelques jours après, au réveil, la jeune femme sent son visage la démanger et la brûler. Elle court dans la salle de bains et pousse un hurlement que le monde entier aurait pu entendre. Son visage était couvert d'œufs de cafards qu'elle ne pourrait plus jamais enlever.

Elle se terra dans son appartement et plus personne n'a plus jamais entendu parler d'elle.

Moralité de la légende

Ne croyez pas tous les remèdes de grand-mère, ne mettez rien de dangereux sur votre visage, le naturel est la plus belle des beautés.

Inde, Kuldhara

Légende : Le village de Kuldhara	**Thèmes :** Exode, paranormal
Lieu : Dans le village	**Particularité :** Le village a été déserté du jour au lendemain
Superstition du pays : Se couper les ongles à la nuit tombée attire le mauvais œil sur son foyer	

L'Inde, ce pays traditionnel et authentique, abrite de nombreux trésors dans sa culture, son histoire, sa gastronomie. Les villes ne dorment jamais et sont rythmées par la vie des habitants. Il est aussi riche en paysages : où que vous posiez vos yeux, nul doute, vous serez ébloui par la diversité architecturale qu'offre l'Inde. Si vous souhaitez vous imprégner de ce pays, je vous conseille de visiter le plus saint des sanctuaires : le temple d'Or. Il vous accueille et ce, peu importe votre culture et votre croyance. Situé à Amritsar, il est construit au milieu d'un bassin majestueux et son édifice est recouvert d'or. Si vous êtes partagé entre l'envie de faire la fête ou de vous reposer, la destination idéale est Goa. Avec ses eaux cristallines et ses nombreuses plages, rien de tel pour vous prélasser au son des vagues ; si vous êtes plutôt d'humeur « pump it up », ses bars sauront vous combler. Vous trouvez ces propositions basiques ? Alors, en avant pour les grottes d'Ajanta qui forment vingt-neuf temples et monastères bouddhistes troglodytes, dont l'ensemble est inscrit au patrimoine mondial de l'humanité à l'Unesco.

L'Inde est incroyable aussi pour sa gastronomie, ses épices, ses fruits et ses légumes. Le plat traditionnel est le palak paneer. Végétarien, il est à base de fromage de soja, d'épinards et de poivrons verts. Si vous aimez les plats relevés et riches en goût, ne mettez aucune limite à vos dégustations.

Il ne faut pas oublier la vie avec les locaux, les différents événements comme le Holi, le festival des couleurs, ou Maha Shivaratri, le festival des neuf nuits de Shiva, la danse Bollywood ou encore les chants sacrés.

Youhou, il y a quelqu'un ?

Lorsqu'on visite un château, l'on peut être étonné par sa beauté, mais il est plus rare de l'être par son histoire, car toutes sont à peu près semblables. Les ruines se ressemblent et elles ont ce point commun de faire partie du patrimoine historique d'un pays.

Lorsqu'on visite un village abandonné, c'est une tout autre ambiance et une tout autre atmosphère qui s'en dégagent. Partons en direction du village fantôme de Kuldhara, à la découverte de ses habitants.

Nous sommes en 1826. Le chef du village et ses 1 000 villageois ont abandonné Kuldhara du jour au lendemain. Personne ne sait comment ni pourquoi les habitants se sont volatilisés. Ce village est devenu l'un des plus mystérieux du pays. Imaginez une vie locale, avec des familles, des enfants, des rôles bien distincts pour les adultes et, hop ! plus rien. On raconte même que ces villageois auraient maudit le lieu pour qu'aucun être humain ne puisse s'y installer et le rendre à nouveau prospère. La rumeur dit aussi que la malédiction va plus loin : si une personne tente d'y dormir, elle y mourra.

Que d'intrépides !

La légende raconte qu'un groupe d'hommes a voulu se tester et aller dormir dans le village de Kuldhara. La nuit tombe et en arrivant sur les lieux, ils découvrent les vestiges d'une vie passée, mais encore bien présente. L'un d'eux veut absolument visiter le village fantôme et part à la recherche de sensations fortes, tout en ayant connaissance de la malédiction. Il souhaite quand même sillonner les ruelles abandonnées. Ses trois autres camarades le suivent, et ils se retrouvent ensemble à arpenter les ruines. Il est trois heures du matin : les hommes, fatigués, se construisent un lit de fortune pour se reposer, avec un t-shirt sur le sol et des tas de sable pour le confort dorsal.

À peine quelques minutes plus tard, ils entendent des cris et des hurlements inhumains. Une sensation de froid et un mouvement violent d'air les bousculent, ils sont trimbalés d'un coin à l'autre du village, et sont maintenant séparés. À leur tour, ils poussent des sons horrifiques, comme s'ils avaient vu des fantômes et, en une fraction de seconde, plus aucun bruit dans le village. Plus aucune forme humaine, ils avaient littéralement disparu.

Quelques années après, des curieux ont voulu tenter l'aventure à leur tour. On raconte qu'ils ne sont pas morts, mais qu'ils auraient entendu les mêmes bruits étranges.

Moralité de la légende

Tous les lieux ne sont pas bons à visiter.

Japon

Légende : Mary-san no Denwa ou l'appel de Marie	**Thèmes :** Poupée, traque
Lieu : Quelque part au Japon	**Particularité :** La poupée est vivante
Superstition du pays : Qui fait la sieste après un repas risque d'être transformé en vache	

Le Japon est renommé pour sa culture, son art de vivre et sa diversité. Il n'y a pas une ville dans ce pays qui ne vous dépaysera pas. Commençons par la vie citadine aux mille néons de Tokyo : elle est le poumon économique du pays. Entre les gratte-ciel, les magasins et la gastronomie, tout y est pour découvrir une région riche et colorée, les restaurants et les bars insolites sauront vous séduire. Le Japon ne se cantonne pas aux métropoles : vous pourrez y découvrir la ville d'Hiroshima, tristement célèbre depuis sa destruction lors de la Seconde Guerre mondiale, et qui est aujourd'hui l'un des principaux centres industriels et portuaires de l'ouest du Japon, ou la station balnéaire de l'île d'Okinawa offrant une nature tropicale. Ce pays est aussi magnifique pour ses paysages, comme Tohoku, région très montagneuse où la culture est authentique et traditionnelle.

Vous l'aurez compris, chaque ville du Japon est à visiter tant pour sa culture que pour sa beauté, mais aussi pour son histoire.

Les Japonais sont très forts en jeux vidéo, dessins animés et mangas. Ils ont également su se faire une grande place dans le monde du cinéma en ce qui concerne les films d'horreur. On peut aisément remarquer que chacun de leur film à vocation horrifique démarre soit par une histoire ancestrale, soit par une légende urbaine. L'esthétique de l'image et le déroulé du scénario sont réglés comme du papier à musique.

J'aime particulièrement cette culture : elle sait vous émerveiller et vous tenir en haleine ; elle sait vous dépayser et à la fois vous ancrer dans une culture qui date de plusieurs milliers d'années.

En parlant d'histoire d'horreur, quelle serait votre plus grande hantise ? Les fantômes, les vampires ou les monstres ?

Avez-vous déjà eu peur d'une jolie poupée en porcelaine ? De celle qu'on peut offrir à une petite fille pour son anniversaire ou pour Noël, tellement jolie qu'on la poserait volontiers en face de son lit. De celle avec qui l'on souhaite se créer une relation amicale imaginaire, avec qui la confidence et le jeu sont plus faciles qu'avec des copains d'école.

Avez-vous déjà joué avec une poupée qui ne voulait plus se séparer de vous ?

Je ne me suis jamais attachée émotionnellement à une peluche ou à une poupée. Je ne sais pas si c'est parce que j'en avais peur ou simplement parce que je ne jouais pas avec eux. Je n'ai jamais été la petite fille que sa mère pouvait surprendre dans la chambre à converser avec une poupée et avoir cette impression bizarre qu'elle était vivante.

L'histoire qui va suivre va peut-être vous faire changer d'avis sur l'attachement à ces jouets innocents, sur le fait d'en offrir à vos enfants, neveux, nièces ou cousins et cousines. Pour ma part, j'ai offert une fois un poupon à mon fils pour qu'il se rende compte de la fragilité d'un bébé, et j'avoue que, quand je regarde les yeux du petit garçon artificiel, je ne peux pas m'empêcher de me demander s'il me regarde pour de vrai.

Tu ne te débarrasseras pas de moi

C'est l'histoire d'une jeune femme japonaise qui décide un jour de quitter son appartement pour emménager dans une belle et grande maison. En faisant ses cartons, elle retrouve des souvenirs de jeunesse, mais elle doit faire le tri et jeter ce qui l'encombre et ne lui est plus d'aucune utilité. Elle jette des photos, des vieux livres et des vêtements devenus trop petits : un vrai rafraîchissement pour démarrer une nouvelle vie. Quelques jours avant d'aller à la déchetterie avec ses poubelles, la jeune femme tombe sur une boîte en carton contenant une belle poupée en porcelaine, avec une robe en soie blanche et des petits boutons en bois. Elle est encore intacte malgré les nombreuses années de mise au placard. Elle se souvient qu'elle jouait avec quand elle était petite, et qu'elle l'avait surnommée Marie. La jeune femme pensait l'avoir perdue, sans grand regret, car devenue adulte, elle n'avait pas besoin de s'encombrer de souvenirs superficiels.

Le jour du déménagement approchait, il fallait absolument faire de la place dans l'appartement pour y voir plus clair. La jeune femme emporte la boîte en carton et sa poupée Marie, ainsi que des affaires destinées à disparaître.

La jeune femme emménage dans sa belle et grande maison, avec de nouveaux meubles, une nouvelle télé, tout pour commencer une nouvelle vie riche et agréable.

Le premier soir, elle se commande à manger et s'installe dans son canapé. Le téléphone sonne : c'est sans doute un canular, car la voix au bout du fil dit : « Bonjour, c'est Marie, je suis à la déchetterie. » La jeune femme raccroche et pense à une erreur : après tout, il n'existe pas une seule Marie au Japon.

Le téléphone sonne à nouveau et la voix dit : « Bonjour, c'est Marie. Je suis au magasin du coin. » La jeune femme raccroche à nouveau, pensant à des petits jeunes qui s'amusent à appeler n'importe qui. Le téléphone sonne encore une fois, c'est toujours apparemment Marie qui dit : « Bonjour, c'est Marie. Je suis juste devant ta maison. » La jeune femme commence à paniquer et décide d'aller voir les jeunes pour leur demander d'arrêter leur farce. Lorsqu'elle ouvre la porte, il n'y a personne. Elle la referme et retourne voir son film.

Le téléphone sonne encore, la soi-disant Marie dit : « Bonjour, c'est Marie, je suis derrière toi. »

Le lendemain, une amie de la jeune fille va chez elle pour prendre le thé et la retrouve morte au milieu du salon.

La poupée n'avait pas apprécié le fait d'être jetée aux ordures par sa propriétaire et a décidé de se venger en la tuant de plusieurs coups de couteau.

Moralité de la légende

N'abandonnez jamais, au grand jamais, vos souvenirs d'enfance.

Kazakhstan, le village de Khankol

Légende : Le fantôme de Khankol	**Thèmes :** Spectre, femme
Lieu : Au milieu de la route	**Particularité :** Il ne s'attaque qu'aux hommes
Superstition du pays : Prendre en photo une personne qui dort risque de lui attirer la maladie et la mort	

Le Kazakhstan est un pays encore méconnu. Pourtant, niché entre l'Asie centrale et la Russie, il offre un héritage culturel riche et divers paysages à couper le souffle. Si vous êtes d'humeur sportive, rendez-vous dans les monts Altaï pour un trekking ; si vous souhaitez admirer l'immensité des canyons, alors direction Charyn avec les nombreuses masses rocheuses aux couleurs chaudes ; vous êtes plutôt citadin, allons alors dans la capitale culturelle d'Almaty où vous pourrez visiter le musée central d'État, qui abrite des milliers d'objets historiques kazakhs, mais aussi la cathédrale orthodoxe Zenkov datant du régime tsariste. Si vous voulez vous imprégner de l'histoire de l'URSS et de la guerre froide, il faut visiter la ville cosmodrome de Baïkonour ou le goulag de Karaganda construit sous Staline, où étaient envoyés de nombreux détenus forcés au travail pénitentiaire, des hommes, des femmes et des enfants, goulag dans lequel il était interdit de prendre des enfants dans les bras, de leur montrer de l'affection. Le Karaganda a cessé de fonctionner en 1958, cinq ans après la mort de Staline.

Le Kazakhstan n'est pas juste un pays à visiter, il a une âme et une histoire bien singulières. Ce n'est pas forcément la station balnéaire que l'on trouve dans certains magazines donnant des conseils de vacances, mais il saura vous toucher tant par la gentillesse de ses habitants que pour le calme paysager des steppes kazakhes.

La culture gastronomique compte plusieurs plats principaux dont le palaw – à base de riz, de viande de mouton frite, des carottes, d'oignons, d'ail – et le bezbarmak, plat à base de viande bouillie, de grosses nouilles en forme de triangle et d'un bouillon.

Les femmes kazakhes ont un idéal de vie bien précis : il faut se marier tôt avec un homme qui puisse subvenir à leur besoin et à celui de leur famille. Être une femme au foyer est un honneur pour certaines, car elles sont vénérées comme étant les gardiennes inconditionnelles du foyer. Lorsque les jeunes femmes voyagent dans d'autres pays, elles ne savent pas comment se comporter en raison de leur héritage culturel bien particulier. Leur éducation est totalement différente de celle des Occidentaux. Cependant, la femme kazakhe est de moins en moins soumise aux codes traditionnels de la famille et du pays, elle s'émancipe de plus en plus.

Mais pourquoi vous parlé-je autant des femmes ? C'est bien rare, pour une légende urbaine, de s'attarder sur la façon de vivre de la gent féminine.

Vous l'aurez compris, les femmes, et une en particulier, se sont un petit peu plus libérées.

Au Kazakhstan, il existe de nombreuses légendes urbaines issues du folklore de ce pays. Toutes nous ramènent à des femmes monstrueuses qui commettraient l'impensable : Halmauyz Kempir, une sorcière voleuse et dévoreuse de nourrissons, ou Zheztyrnak, un vampire féminin avec des ongles de cuivre tranchants semblables à des lames de rasoir. Ce pays est gorgé d'histoires fantasmagoriques et horrifiques.

Faites attention sur la route

La légende urbaine raconte qu'un spectre féminin traîne des pieds sur les routes du Kazakhstan, dans les steppes, les montagnes, les villes ou les forêts.

Direction le petit village de Khankol, où tout a commencé. Des témoignages relatent l'histoire d'une femme fantôme rôdant sur la route et terrorisant les hommes qui conduisent la nuit afin qu'ils aient un accident. L'histoire de cette femme est floue, mais son apparition a déjà fait plusieurs victimes masculines qui racontent avoir vu une belle femme aux cheveux longs et blonds, portant une robe noire surgissant violemment devant ou derrière les voitures, voire à l'intérieur. Les hommes qui hurlent le plus ont des accidents ; certains meurent, d'autres vivent avec l'image de cette femme qui les hante à tout jamais. Elle n'a pas de scénario précis : elle veut simplement faire peur et faire crier les hommes de terreur ; c'est pour elle une sorte de jeu. Une fois que le conducteur a eu la frayeur de sa vie, le fantôme s'évapore, disparaît de la route et va chercher une autre proie.

Ne sachant pas si la légende était vraie, l'angoisse planait malgré tout sur le petit village de Khankol. Les habitants, à 70 % musulmans, se sont réfugiés dans la prière et la lecture du Coran. Une cérémonie a été donnée en présence du maire afin d'exorciser les esprits maléfiques du Kazakhstan.

Personne ne sait si ce fantôme est toujours présent dans le pays entier ou s'il zone uniquement dans les petites campagnes du pays.

Moralité de la légende

La peur ne doit pas être entendue lorsque vous verrez un fantôme ; sinon, attention, lorsque vous conduirez.

Philippines

Légende : La Manananggal	**Thèmes :** Vampire, femme
Lieu : Dans les foyers	**Particularité :** Elle s'attaque aux femmes enceintes
Superstition du pays : Si des frères et des sœurs se marient dans la même année, cela leur apportera malchance et séparation	

Le sujet est très sensible, car il parle de femmes enceintes, de fœtus et de nourrissons. Si vous avez vécu un traumatisme concernant une grossesse ou la perte d'un enfant ou si vous en avez été témoin, s'il vous plaît, allez au chapitre suivant.

Les Philippines sont un archipel de plus 7 000 îles, toutes plus somptueuses les unes que les autres. Elles sont impressionnantes et offrent un dépaysement à chaque fois différent. Qu'il s'agisse des rizières en terrasse dans la province des Ifugao sur l'île de Luzon, classées par l'Unesco, ou du volcan du mont Apo de l'île de Mindanao, sur lequel vous pouvez faire du trekking, chaque recoin des Philippines est un réel trésor.

Vous êtes téméraire et souhaitez nager avec les requins pour un remake des *Dents de la mer*, alors je vous conseille l'île Cebu : vous allez être au top des sensations fortes, entre poisson à mauvaise réputation et eau cristalline. Outre ces activités touristiques, vous pourrez visiter les sanctuaires animaliers, rencontrer les guérisseurs de l'île mystique Siquijor réputée pour sa sorcellerie et sa magie noire, vous rafraîchir au sein d'une cascade ou visiter la faune et la flore dans les forêts de votre choix.

Et si vous préférez une ambiance plus urbaine, rendez-vous à Manille, la capitale des Philippines, dynamique et vivante : cette ville saura vous séduire par ses différents quartiers.

Vous savez que j'adore parler de la gastronomie de chaque pays. C'est un peu ma passion, les bons repas conviviaux. Les îles proposent des plats variés à base de riz, de viandes, de saucisses, de porcs, d'œufs et de poissons grillés. Pour les gourmands, la spécialité est le gâteau blanc moelleux. Il y en a vraiment pour tous les goûts.

Les habitants sont accueillants et ont toujours le sourire, même quand une légende urbaine rôde sur l'archipel.

Accrochez-vous !

J'espère que votre cœur et votre estomac sont bien accrochés, car la légende qui va suivre est costaude. J'ai eu du mal à l'étudier jusqu'au bout, mais, pour vous, je risquerais tout ! Elle fait d'ailleurs partie des plus difficiles que j'ai eu à rapporter.

Certaines femmes ne sont pas bienveillantes ni maternelles. Certaines peuvent être démoniaques, voire meurtrières. Celles qui alimentent le paragraphe suivant sont des monstres sanguinaires, d'une violence rare.

Cette légende se veut folklorique, mais des explorateurs auraient réussi à filmer ces « choses », ainsi que des habitants de l'archipel.

Derrière le paradis terrestre se cachent de bien sombres événements qui changent à tout jamais votre perception de l'humain et du surnaturel.

Qui êtes-vous ?

Je vous présente la Manananggal : c'est une sorte de morte-vivante qui ressemble à une vieille dame le jour et se transforme la nuit pour chasser ses proies. Les Manananggals sèment la terreur, car elles peuvent prendre l'apparence de n'importe quelle femme de votre entourage. Elles vivent recluses dans les villages excentrés de l'archipel et ont, pour la plupart, une vie d'ermite. Certaines sont des sages-femmes, des sorcières, et peuvent faire partie d'une communauté proche d'une secte « spirituelle ».

La Manananggal est une créature ressemblant à une chauve-souris avec une langue rétractable ; son corps se divise en deux : le bas est caché dans un endroit sombre et son torse s'envole dans les airs jusqu'à ce qu'elle trouve sa victime. Elle s'attaque aux femmes enceintes et à leur fœtus pour sucer leur sang grâce à son immense langue. Lorsque le sang est puisé, la mère et le bébé décèdent en quelques secondes. La Manananggal se nourrit exclusivement de jeunes personnes afin de survivre le plus longtemps possible.

La légende raconte qu'une jeune femme enceinte de cinq mois d'une petite fille était invitée chez sa cousine dans un village reculé de l'archipel. C'était une fête familiale, il y avait aussi des amis et des étrangers. Parmi les invités, une vieille dame étrange restait assise sur une chaise et observait la future mère ; son regard ne la lâchait pas. Un malaise commençait à s'installer. Après avoir bu un jus et mangé quelques sucreries, la jeune femme retourna chez elle se reposer : il était déjà tard et la nuit n'allait pas tarder à tomber.

Fatiguée de cette journée, elle s'endormit dans son lit en posant sa main sur son ventre pour sentir sa fille. Au bout d'une heure, la Manananggal entra dans sa chambre en laissant entendre un son assez strident, un mélange de cliquetis et de gémissements. La créature démoniaque sortit sa langue et la planta violemment dans le ventre de la future mère en atteignant le cœur du bébé. La future mère ouvrit d'un seul coup les yeux, sans pouvoir faire quoi que ce soit : elle est paralysée par l'horreur et par la peur. Après s'en être prise à l'enfant, la Manananggal planta sa langue dans le cou de la mère. Elles n'avaient plus de sang et la peau de la maman devint blafarde. Une fois son atrocité terminée, le monstre qui n'était autre que la vieille dame de la réunion familiale, partit à la recherche d'une autre proie.

La rumeur raconte qu'il y aurait d'autres femmes victimes de la Manananggal.

Moralité de la légende

Protégez-vous au maximum de la folie des gens.

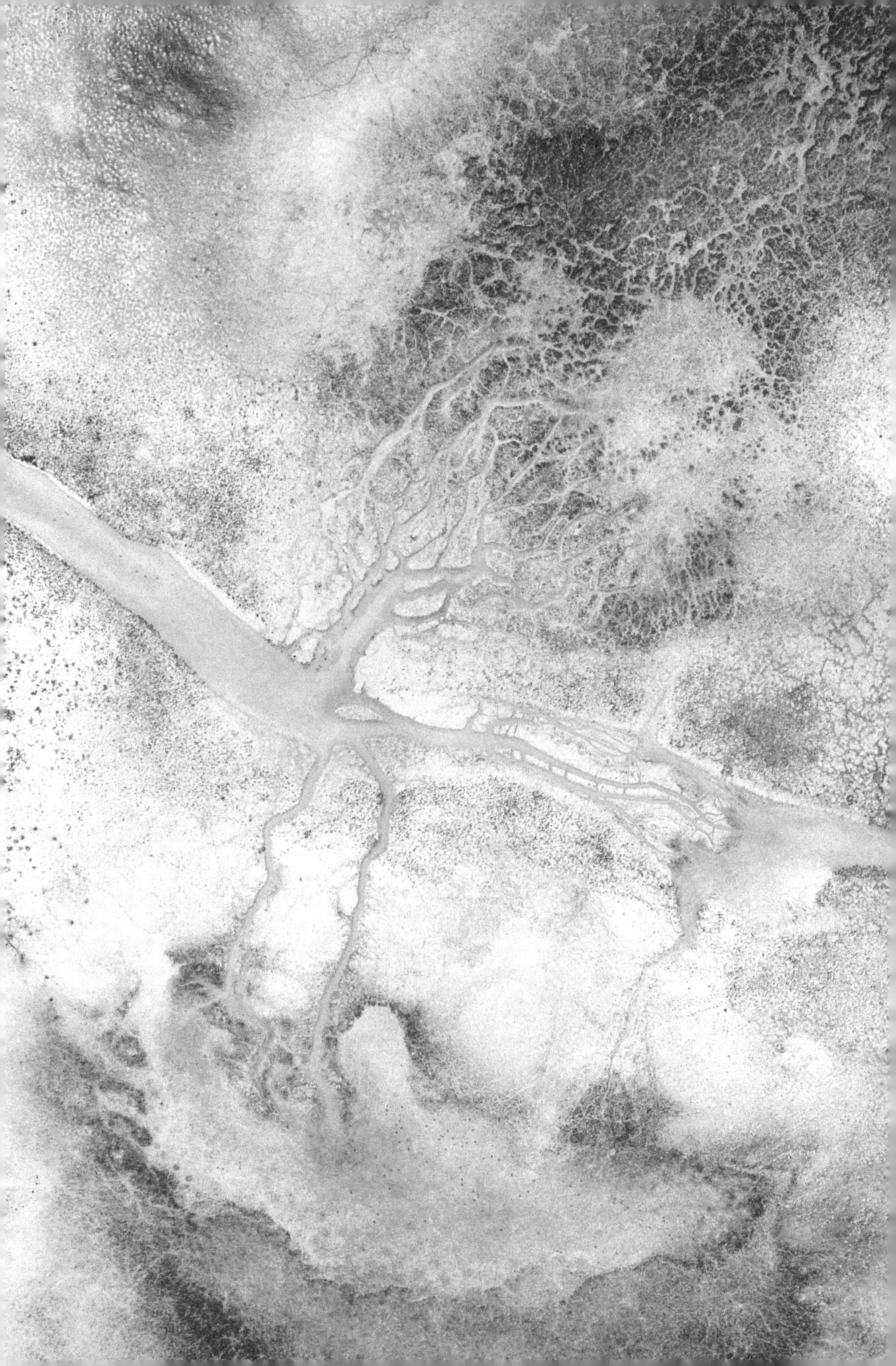

OCÉANIE

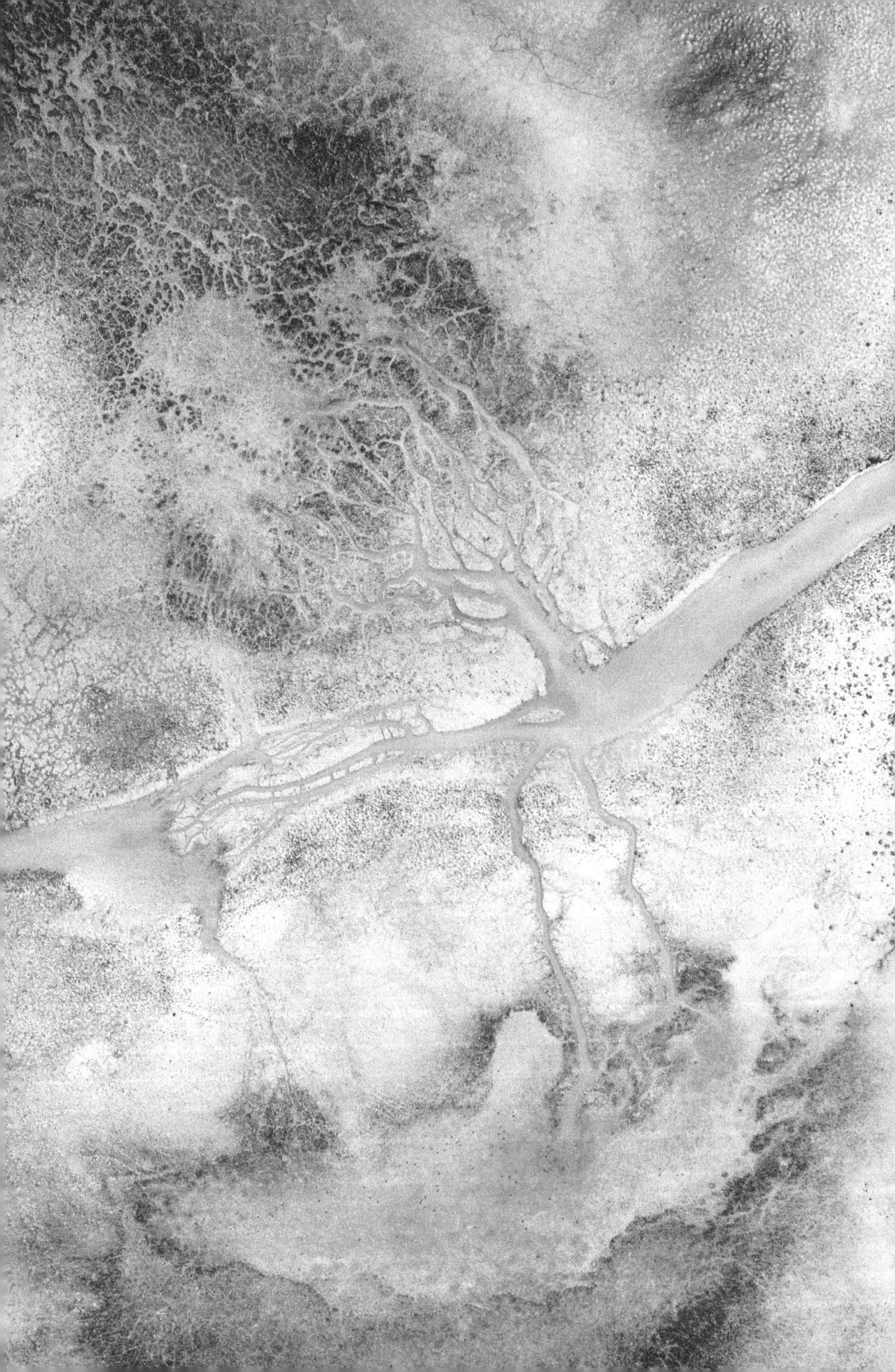

Australie

Légende : Le Bunyip	**Thèmes :** Bête, monstre
Lieu : Dans les eaux	**Particularité :** Il s'attaque aux femmes qui ne respectent pas la nature
Superstition du pays : Il ne faut pas prendre avec soi un morceau de pierre de l'Ayers Rock sacré par les aborigènes, au risque de voir sa vie emplie de malheur	

Lorsqu'on évoque l'Australie, on pense tout de suite aux kangourous, à la vie moderne, aux différentes vues panoramiques que chaque ville peut offrir, et bien sûr aux heures de vol pour y arriver.

Chaque lieu de ce pays est un trésor pour les yeux. Vous pourrez ainsi découvrir la grande barrière de corail qui abrite 2 000 km de fonds marins classés à l'Unesco, le Kakadu national Park, autre lieu classé à l'Unesco, qui offre savanes, jungles, canyons et cascades, et qui est féerique. Si vous préférez une ville qui bouge, direction Melbourne : entre art de vivre et architecture, cet endroit saura vous combler. Si vous êtes sportif, ce continent-île a tout ce qu'il faut. Qu'il s'agisse de surf, de footy (football australien), de rugby, de netball (dérivé du basket-ball) ou de cricket, la culture sportive y est bien ancrée.

Vous l'aurez compris l'esprit balnéaire peut être alléchant ! Mais, attendez ! La description est très jolie et peut donner même envie de passer ses vacances en Australie. Mais ce n'est pas ce qui est important : là, vous avez la version édulcorée, le farniente, et moi, je veux qu'on aille à la rencontre de la véritable Australie, à la rencontre des premiers hommes qui ont peuplé cette terre fertile et dont on ne parle que très peu : les aborigènes.

Les aborigènes constituent le premier peuple qui s'est installé en Australie il y a environ 40 000 ans. Ils ont développé leur propre culture jusqu'au débarquement des colons occidentaux à la fin du XVIIIe siècle.

Leur origine reste encore floue ; on dit qu'ils sont venus de l'Asie du Sud-Est pour s'installer sur ces terres.

On compte près de 250 langues qui diffèrent les unes des autres en fonction de l'endroit où sont installés les aborigènes. Ils ont une culture très riche en chants, musiques, danses, peintures corporelles, ce qui, à leurs yeux, maintient le lien entre le monde des vivants et des morts. Leurs croyances se fondent sur la nature. En effet, pour eux, les lacs, les collines, les rochers portent la trace des esprits créateurs. Chaque histoire est donc inscrite dans une nature.

C'est avec l'arrivée des Britanniques au XVIIIe siècle que tout change dans leurs libertés et leurs droits. Pour les Anglais, l'Australie est une terre sans propriétaire et n'appartient pas aux aborigènes qui sont relégués dans des réserves et ne sont pas mélangés au nouveau peuple blanc.

Il faut savoir aussi que les Britanniques ont voulu occidentaliser les enfants métis à la fin du XIXe siècle, en les arrachant de force à leur famille et en les plaçant soit dans des familles blanches, soit dans des foyers et orphelinats pour les éduquer à l'européenne. Ce drame s'est arrêté au début des années 1970, ce qui n'est pas si lointain de l'époque actuelle. La plupart des enfants furent agressés sexuellement par leur tuteur et c'est en 2008 que le Premier ministre du gouvernement australien, Kevin Rudd, s'est excusé et a demandé pardon aux aborigènes pour tous ces actes sordides.

Il est important pour moi de revenir à la base de cette culture, d'une part pour la comprendre, mais aussi pour voir ce pays avec des yeux plus avertis sur la beauté ainsi que sur les différentes cultures qu'abrite l'Australie, dont une qui est ancestrale.

Quand l'esprit du recyclage vit dans les eaux

Nous savons maintenant que, pour les aborigènes, les esprits créateurs de la terre sont incrustés dans le paysage australien. Il faut croire alors que l'un d'eux était pour le recyclage et le respect de la nature, logique et normal.

La légende aborigène raconte que dans les marécages, les rivières et les lacs vit une étrange créature. Elle ressemble à un monstre avec de grosses cornes, de grandes nageoires et une queue de cheval. Sa tête est un mélange de chien et de crocodile et son corps est immense : je vous présente sans plus tarder le Bunyip.

Dans certaines langues aborigènes, *Bunyip* signifie « esprit maléfique ». Ce monstre est aussi réputé pour son cri strident et sa faculté de changer la température de l'eau. Il s'attaquerait aux humains pour les dévorer, mais surtout aux femmes qui ne respectent pas la nature et qui jettent des déchets dans les eaux australiennes.

C'est l'histoire récente d'un couple qui se balade en bateau sur une rivière d'Australie. L'homme et la femme discutent, boivent un peu d'alcool et la femme allume une cigarette. Ils passent un merveilleux moment romantique au milieu de la faune et la flore majestueuses qu'offre ce coin de paradis.

La femme termine sa cigarette et la jette dans la rivière. Le mégot coule dans la profondeur des eaux et se dépose sur la tête du monstre.

Le Bynip se réveille et commence à crier de colère. L'odeur qui se dégage de ce mégot empeste ses narines, sa colère ne fait que commencer. Le couple ne comprend pas, car le bateau commence à bouger, mais aucune vague ni tempête ne sont perceptibles. Le monstre crie de plus en plus fort et le couple voit sa tête devant leurs yeux. La femme hurle de peur et l'homme se cache derrière elle. La bête féroce ouvre si grand sa gueule qu'elle engloutit la tête de la femme en une bouchée, puis son buste et le reste de son corps. L'homme est paralysé sur le bateau et le Bunyip disparaît en laissant une mare de sang.

Moralité de la légende

Tu ne pollueras point.

Nouvelle-Zélande

Légende : Les trois sorcières d'Auckland	**Thèmes :** Sorcières, statues
Lieu : Auckland Domain	**Particularité :** Les sorcières ont été pendues dans ce parc
Superstition du pays : Chaque lieu où a été tué injustement un Maori est hanté par son esprit vengeur	

La Nouvelle-Zélande abrite deux îles principales : l'île Fumante qui se situe dans le nord et qui abrite des volcans à perte de vue ainsi que de somptueuses forêts, et l'île de Jade dans le sud qui, elle, abrite des montagnes et des paysages baptisés les Alpes néo-zélandaises.

En Nouvelle-Zélande, vous pourrez apprécier les aurores australes, les petites îles paradisiaques, et les eaux glacées des Quarantièmes Rugissants se trouvant tout au sud.

L'identité est aussi divisée en deux, d'une part les Maoris dont le concept est régi par deux points principaux : la famille (le whanau) et l'autorité spirituelle (la mana) ; d'autre part les Anglais issus de la colonisation du XIXe siècle.

Le Mount Cook National Park saura ravir les férus de ski, Milford Sound comblera les amoureux de kayak sur ses eaux turquoise, les forêts d'Abel Tasman National Park offriront une faune et une flore d'exception aux plus désireux de découvrir un paysage hors du commun. Saviez-vous que le film *Le Seigneur des Anneaux* avait été tourné dans le Tongariro National Park ?

Qui, en tant que fan de ce film, n'a jamais souhaité marcher sur les pas de Frodon ? Si vous n'êtes pas sensible au *Seigneur des Anneaux*, sachez que ce lieu, le Tongariro National Park, vous offrira des lacs émeraude d'une beauté innommable.

En Nouvelle-Zélande, la gastronomie est variée. Vous pourrez déguster du hangi, plat traditionnel des Maoris fait dans un rituel bien précis : il faut creuser un grand trou dans la terre, où sont posées des pierres chaudes volcaniques sur lesquelles sont placés des paniers de viande et de légumes. Vous pourrez également goûter les meat pie, ces petites tourtes à la viande, au fromage et aux légumes.

Aurais-je oublié une destination ? Serais-je allée trop vite dans la présentation de ce pays ? Pardonnez-moi, mais il faut absolument que je vous parle d'Auckland, situé dans la partie nord de l'île. Cette ville possède des plages sublimes, elle est entourée de volcans éteints et abrite de nombreux bars, magasins et restaurants dans les différents quartiers animés.

Si vous souhaitez en savoir plus sur la culture de la Nouvelle-Zélande, l'Auckland War Memorial Museum est idéal, car il retrace l'histoire du pays à travers ses collections d'exception. Le monument est d'ailleurs dédié aux victimes de la Première Guerre mondiale et se trouve sur une colline de l'Auckland Domain.

Ce domaine est posé sur l'ancien cratère du volcan Pukekawa. En vous baladant dans le parc, vous pourrez apprécier les jardins botaniques, les cafés, les différents terrains sportifs, un jardin sensoriel pour les aveugles, riche en plantes tactiles.

Tic-tac, Tic-tac

Lorsque vous vous baladerez dans le domaine, vous tomberez sur grande statue en bronze composée de deux femmes de part et d'autre d'un homme au bord d'un bel étang. Il semblerait que l'une d'entre elles se soit fait pendre dans le parc. L'homme représenterait la sagesse et les deux sorcières la fertilité.

Une rumeur raconte que, si vous vous promenez le soir près de ces statues, vous pourrez entendre des voix féminines criant, parlant et des pieds qui traînent sur le sol, alors qu'il n'y a personne aux alentours.

L'origine de ces sorcières reste mystique, mais l'histoire révèle qu'elles aidaient les femmes à tomber enceintes avec des rituels tels que les chants ou les danses nocturnes. Ces sorcières n'étaient pas mauvaises, mais leur différence pouvait effrayer le commun des mortels.

La légende raconte qu'un groupe de touristes venant des quatre coins de la planète voulait profiter un maximum du domaine d'Auckland. Ils avaient déjà visité les allées fleuries de ce somptueux lieu, et devaient se reposer quelques minutes avant de continuer leur excursion. Après avoir bu une boisson fraîche dans l'un des cafés du domaine, ils se sont dirigés vers un étang étrangement attirant. La nuit commençait à tomber et peu de visiteurs étaient présents. L'une des touristes s'est éloignée du groupe pour s'approcher de la grande statue. Une sensation étrange au ventre la parcourut. Comme hypnotisée, elle ne pouvait pas décrocher le regard de la statue. Son esprit était paralysé par l'envie de rester indéfiniment sur place. C'est lorsqu'elle a entendu des cris et des bruits de pas, alors qu'elle était seule, que la peur s'est emparée de son corps. Elle a couru si vite vers la sortie qu'elle en a oublié ses compagnons de voyage. On raconte que, depuis, la jeune femme est prise de violents cauchemars avec des visions d'horreur de pendaison.

Moralité de la légende

Il est parfois inutile de s'attarder sur certains vestiges du passé.

EUROPE

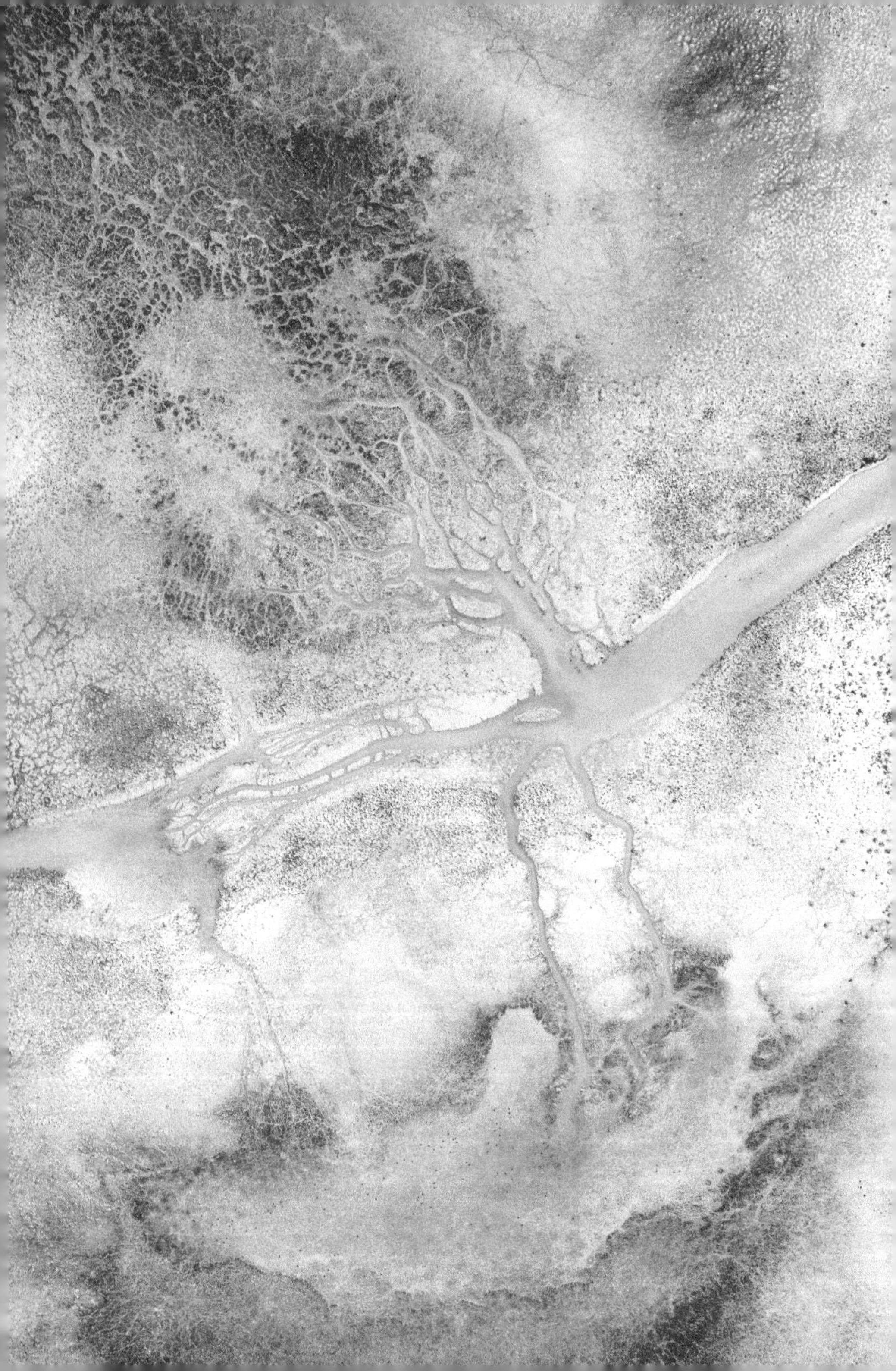

Albanie, district de Shkodër

Légende : Le château de Rozafa	**Thèmes :** Femme, sacrifice
Lieu : Dans les murs du château	**Particularité :** Il s'est débrouillé pour nourrir son enfant
Superstition du pays : Accrocher sur sa maison des animaux en tissu ou en peluche protège du mauvais œil	

L'Albanie est un très beau pays gorgé d'histoire, entre mer et montagne. Elle sait ravir ses voyageurs. Son paysage est vallonné et vous pourrez sillonner le pays en trekking ou en randonnée, ou encore découvrir des rivières majestueuses.

Il faut savoir que ce pays, de 1944 jusqu'à la chute du communisme, était comme coupé du monde. Aujourd'hui, vous pouvez aisément le visiter et découvrir des sites classés au patrimoine mondial de l'Unesco, par exemple, la commune de Berat qui offre des architectures de l'époque médiévale. Si vous êtes un féru d'histoire, rien de tel que le site archéologique d'Apollonia d'Illyrie qui est l'une des plus importantes cités gréco-latines dédiées à Apollon.

L'Albanie est le pays des aigles. Ses montagnes et sa nature sauvage peuvent vous rappeler les fjords norvégiens. Elle abrite aussi un magnifique point d'eau, la Riviera albanaise, entre falaises et végétation d'exception.

La cuisine albanaise est un savoureux mélange entre l'Orient et l'Occident. Le plat incontournable, le kukurrec, est à base de viande de mouton et de hors-d'œuvre variés, à mi-chemin entre la cuisine grecque et la cuisine orientale.

La culture albanaise se fonde sur les coutumes appelées kanun, symbolisant quatre lois qui sont l'honneur, l'accueil, la loyauté et la bonne conduite.

L'Albanie est située sur la péninsule Balkanique, vous avez sûrement déjà entendu ces chants enivrants et somptueux que sont les chants polyphoniques des Balkans. Ils prennent aux tripes, ils sont à la fois doux et puissants. L'intensité de ce mélange de voix crée une musique tout à fait singulière propre à ce pays.

L'esprit de famille et le respect des aînés ont une grande place dans la vie des Albanais. Le mariage, le choix de l'épouse ou de l'époux sont eux aussi soumis à des lois. Par exemple, la jeune mariée ne devra pas voir sa famille pendant sept jours, et assistera à son propre mariage sans les siens. Ce n'est qu'au bout du huitième jour qu'elle pourra enfin les voir. Entre-temps, elle devra garder les yeux baissés au sol, servir le café et passer le test du drap blanc pour prouver sa virginité. Que de soumissions pour le jour censé être le plus beau d'une jeune femme (quand on a envie de se marier, bien sûr).

J'adore les histoires de châteaux. Visiter leurs vestiges, connaître leur passé, c'est passionnant et très instructif sur l'histoire d'une ville ou d'un pays. Ils ont la réputation d'être pour la plupart hantés, ce qui n'est pas forcément faux. Alors, je vous propose de m'accompagner dans la ville de Shkodër, située à la frontière du Monténégro, et de partir à la conquête de la légende du château de Rozafa.

Rozafa, où es-tu ?

Rozafa était une jeune femme mariée à un homme qui essayait avec ses deux frères de construire leur château.

Ils travaillaient la journée, mais les murs s'effondraient la nuit. Un beau jour, les trois frères rencontrèrent un vieil homme qui leur donna ce précieux et macabre conseil : il fallait que l'un des trois hommes sacrifie sa femme pour pouvoir enfin voir les murs du château tenir debout.

Les trois hommes ne se sont pas dit que c'était une mauvaise idée, ou qu'il y avait peut-être une autre solution pour construire correctement le château. Non, ils n'arrivaient juste pas à décider laquelle serait sacrifiée.

Et hop ! une idée lumineuse leur vint : ils sacrifieraient la première qui leur apportera à l'aube leur petit-déjeuner. Alors bon, il y a déjà un sacrifice qui se prépare, et en plus ils attendent tranquillement leur petit-déj, pénards, quelle ironie du sort !

La pauvre Rozafa leur apporta donc leur repas, avec, j'imagine, le breuvage qui va bien, la nourriture pour leur donner de la force. Son mari lui expliqua le marché conclu la veille : elle devait être tuée pour qu'ils puissent terminer leur construction. Rozafa accepta ce pacte, mais s'inquiétait pour son fils en bas âge. Elle demanda à son mari d'être emmurée en laissant en dehors du mur son sein droit pour continuer à nourrir son enfant, sa main droite pour continuer à le caresser et son pied droit pour le bercer.

Triste fin pour une mère et son fils.

Moralité de la légende

Ne sers pas de petit-déjeuner à ton mari, ça sonnera la fin de ta vie.

Allemagne

Légende : Le Krampus	**Thèmes :** Fêtes de Noël, horreur
Lieu : Dans tout le pays	**Particularité :** Il est l'équivalent maléfique du père Noël

Superstition du pays : Trinquer avec un verre d'eau, c'est souhaiter la mort de la personne avec qui l'on partage ce moment

L'Allemagne est un pays riche en diversité et en culture. Direction Cologne, ville fondée par les Romains où vous pourrez découvrir la cathédrale de Cologne mondialement connue pour sa grandeur due à ses 157 mètres de haut. Pourquoi ne pas aussi visiter Hambourg et le quartier des entrepôts, avec ses canaux et ses briques rouges, classé au patrimoine mondial de l'Unesco ; c'est une ville qui abrite de nombreux lieux historiques. Direction la capitale, Berlin, une ville gorgée de restaurants et de bars, dans laquelle vous ne pourrez pas rater les vestiges d'un lourd passé : le mur de Berlin. C'est devenu au fur et à mesure une ville avant-gardiste qui propose diverses attractions touristiques comme l'île aux Musées, site classé au patrimoine mondial de l'Unesco, où vous pourrez vous balader dans différents lieux d'expositions. Vous préférez des vacances festives ? Restons à Berlin où la dance et la techno ne semblent jamais s'arrêter. Vous aurez le choix entre soirées électro et bars à thème. Chaque quartier de cette ville saura vous offrir une nuit d'exception.

Pour la gastronomie, c'est sans surprise que nous faisons une pause à Francfort. outre le magnifique Vieil Opéra, ou le musée d'Art Moderne, vous pourrez goûter les incontournables saucisses de Francfort fumées !

L'Allemagne est un pays multiculturel. La célébration des fêtes de Noël est, à quelques détails près, identique à celle pratiquée en France. J'adore ces fêtes : elles me replongent dans une nostalgie passée, dans le sourire des enfants et la remise des cadeaux ! Pour les Allemands, le père Noël existe bien évidemment, mais un autre être tient une place très importante au sein de ces festivités.

Ne venez pas le soir de Noël !

En Allemagne, il existe un équivalent du Père Noël, en un petit peu plus maléfique, moche et terrifiant. C'est une légende que je pourrai conter à mon fils s'il n'est pas sage avant la période des fêtes, en enlevant toutefois quelques détails, car il faut bien le dire ces festivités ont une grande importance chez les plus petits. Cela ressemble un soupçon à du chantage, mais les bêtises de ma progéniture seront un court instant en pause.

Je vous présente sans plus tarder l'irremplaçable Krampus, une créature mi-chèvre, mi-démon, dotée de cornes, de cheveux épais, de crocs, d'une lourde chaîne, des cloches qu'il fait sonner avec vigueur. Et le pire : il flagelle la peau des enfants qui ne sont pas sages.

Son nom est un dérivé du mot allemand *Krampen*, qui veut dire littéralement « les griffes ».

Laissez-vous transporter par la légende

La légende raconte que Krampus apparaît la veille du 6 décembre pour effrayer les vilains enfants en les battant avec des branches de bouleau, et en les traînant dans son sac en enfer, n'est-ce pas un peu exagéré ?

Au petit matin du 6 décembre, les enfants se précipitent vers le pas de leur porte d'entrée pour voir s'ils ont été récompensés par un cadeau mis à l'intérieur de leur chaussure ou, au contraire, s'ils ont été punis par une baguette posée également à l'intérieur de la chaussure.

S'ils ont été vraiment très vilains, alors Krampus viendra les chercher et terminé les fêtes, les cadeaux, les jouets, le festin et tutti quanti !

Il est vrai que cette histoire est loin d'être semblable à celle des lutins et du père Noël préparant les cadeaux en sirotant un bon chocolat chaud, mais elle a le mérite d'être efficace, quoique un brin hardcore.

Même si j'ai dit plus haut que je raconterais sûrement cette histoire à mon fils, je ne mentionnerai pas la partie où il ira peut-être en enfer avec un gros bonhomme pas beau et se fera fouetter la peau. Ça, je pourrai le dire à Serge, son père, s'il continue de me laisser mettre les boules de Noël toute seule.

Le Krampus fait le tour du globe

Le Krampus voyage sur notre planète et certains pays en font un commerce de bouche et audiovisuel.

Par exemple, en Autriche, le diable de Noël est un objet nettement plus commercial que la simple légende. En effet, des figurines en plastique ou en chocolat sont vendues dans tout le pays.

Aux États-Unis, il y a le film d'horreur de Michael Dougherty *Krampus*, sorti en 2015. Il fait également une apparition dans la série *American Dad!* pour célébrer ceux qui sont contre cette fête.

En Belgique, en France et aux Pays-Bas, Krampus est remplacé par le père Fouettard.

Moralité de la légende

Ne racontez pas cette légende à un enfant en bas âge, il risque d'avoir une thérapie à suivre toute sa vie.

Belgique, Bruxelles

Légende : La vieille dame aux mains poilues	**Thèmes :** Tueur en série, affaire criminelle
Lieu : Dans les voitures	**Particularité :** La vieille dame n'est pas vraiment une dame
Superstition du pays : Vous trouverez l'homme ou la femme de votre vie seulement si vous arrivez à peler une pomme en une fois	

La Belgique est un beau pays. Ses charmantes villes sauront, je suis sûre, vous conquérir. Direction Bruges que l'on appelle aussi la « Venise du Nord ». Vous êtes d'humeur romantique, alors il faut absolument que vous fassiez la balade en bateau sur les canaux de la ville ; vos yeux apprécieront chaque paysage. Si vous préférez l'ambiance moyenâgeuse, je vous conseille d'aller à Gand, ville médiévale, dans laquelle faire un retour dans le passé est très facile, entre la forteresse du château des Comtes et le musée des Beaux-Arts ; la diversité de cette ville vous comblera. La gastronomie fait aussi partie du patrimoine du pays. Chaque région a sa spécialité. Pour ma part, j'adore leurs gaufres, leurs chocolats et leurs frites. Pour les férus d'alcool, rien de tel que leurs différentes bières. Vous pourrez aussi vous délecter de la carbonnade à la flamande qui est un plat à base de viande braisée à l'étouffée dans une cocotte avec de la bière et des oignons. Il est certain que la Belgique peut être visitée pour son histoire, ses monuments et son pèlerinage culinaire.

Je vous emmène, pour finir en beauté, dans la capitale. Nous sommes à Bruxelles, cette ville riche en musées, en galeries d'art et en divers magasins idéaux pour une virée shopping.

Je me souviens y être allée, il y a une dizaine d'années, pour le Nouvel An, avec une amie. Nous devions passer la nuit du 31 décembre dans une église transformée pour l'occasion en dance floor géant. Mais la queue étant très longue, nous avions décidé de changer nos plans.

Nous logions dans l'hôtel le Métropole situé dans le cœur historique de Bruxelles. Le bâtiment, à l'ancienne, avec une décoration digne des plus beaux châteaux, ses lustres, ses moulures, était magique. Tout y était pour passer un merveilleux week-end.

Nous y avions rencontré un groupe de copines avec lesquelles nous avions sympathisé. L'une d'elles, adorant les histoires étranges, nous raconta la légende de la dame aux mains poilues. C'est en rentrant en France que j'ai voulu me documenter et savoir exactement de quoi il s'agissait.

Bien que l'on sache qu'une légende peut être véridique comme inventée de toutes pièces, j'ai souhaité l'intégrer dans ce livre, car elle est en lien avec une affaire sensible du pays : le dépeceur de Mons.

Le dépeceur de Mons est le nom donné au dossier judiciaire pour désigner un tueur en série qui a tué cinq femmes en Belgique et en France en 1997.

Le tueur en série démembrait le corps des femmes et les plaçait dans des sacs-poubelles. Ces sacs contenaient des bras, des bustes et des jambes qu'il laissait à des endroits bien précis aux noms évocateurs tels que avenue des Bassins, dans la rivière Haine, chemin de l'Inquiétude, rue du Dépôt, chemin de Bethléem. Toutes les victimes avaient un point commun : elles fréquentaient la gare de Mons. De plus, elles rencontraient toutes des difficultés socio-économiques et familiales.

Une cellule Corpus avait été créée pour les besoins de l'enquête et était dirigée par le juge d'instruction Pierre Pillette du parquet de Mons. Mais le manque d'effectif mis à la disposition de la cellule ne permit pas de résoudre l'affaire, bien que largement médiatisée. À ce jour, le ou les auteurs n'ont toujours pas été identifiés.

Veillez à bien fermer votre coffre

La légende raconte que, dans la rue Neuve à Bruxelles, une jeune femme se rend à sa voiture et s'y installe. En regardant son rétroviseur intérieur, elle remarque une vieille dame sur la banquette arrière. La personne âgée semble perdue et demande à la jeune femme de l'accompagner chez elle, car son fils avait oublié de venir la chercher. Le fils ingrat ! Laisser une dame âgée se débrouiller seule pour retrouver son chemin est irresponsable, n'est-ce pas ? Surtout quand c'est votre mère.

Elle lui indique le trajet en montrant avec ses mains la direction à suivre, mais la jeune femme remarqua que ses mains étaient celles d'un homme : grosses et poilues.

La conductrice, en prenant peur, provoqua un accident de voiture. Elle n'a pas été blessée, mais la vieille dame ou le monsieur a pris la fuite. La jeune femme appela la police et à l'arrivée des policiers, en ouvrant le coffre, elle découvrit du chloroforme, une tronçonneuse et des sacs-poubelles. C'est à partir de ce moment que les gens ont pensé que le dépeceur de Mons était de retour.

Moralité de la légende

Si vous souhaitez garder votre corps intact, ne prenez pas le risque de laisser votre habitation ou votre voiture ouverte.

Espagne, Cuenca

Légende : La croix du Diable	**Thèmes :** Drague, punition
Lieu : Dans les voitures	**Particularité :** Le karma prend une forme particulière
Superstition du pays : Porter des sous-vêtements dorés le jour du Nouvel An vous couvrira d'or durant la nouvelle année	

L'Espagne est un pays chaleureux et très accueillant. Vous ne passerez sûrement pas à côté de la renommée boisson alcoolisée, la sangria, ni des nombreuses tapas que vous picorerez dans chaque bar des villes. À Barcelone, vous serez ravi de pouvoir visiter la basilique de la Sagrada Familia, qui fut d'abord construite par l'architecte Jean de Villar, puis par Antoni Gaudi qui passa plus de 42 ans à la construire. Il a d'ailleurs construit plusieurs autres bâtiments, tous aussi somptueux les uns que les autres (liste non exhaustive) : la Casa Mila, la crypte de la Colonia Guell, la casa Baltllo, la casa Vicens. Barcelone est aussi réputée pour ses belles plages et ses bars de nuit. Continuons la visite avec Madrid, cette ville qui ne dort presque jamais. Elle est habitée majoritairement par une population jeune et dynamique ; les ruelles sont bordées de restaurants et de bars en tout genre. Vous aurez aussi l'occasion de visiter le magnifique palais Royal de Madrid ou le musée du Prado.

Toute cette présentation est à mon goût trop touristique. Alors, allons dans une province reculée de Saragosse, dans le village excommunié de Trasmoz.

Le château de Trasmoz est accusé d'être la « maison » des nécromanciens et des sorcières de l'époque. On est tout de même au XIIIe siècle et il faut savoir que, à cette époque, le village n'appartenait pas à l'Église, ce qui devait chafouiner les hauts chefs, car Trasmoz détenait d'énormes gisements d'argent, plusieurs réserves d'eau et du bois.

En 1511, pour soi-disant punir cette région parce qu'elle ne rentrait pas dans le moule politique de l'époque, le pape Jule II maudit le village et l'excommunia. Et le page serait apparemment le seul à pouvoir lever cette punition. Les sorcières et mages ne s'en portèrent pas plus mal. Il existe d'ailleurs un musée de sorcellerie dans lequel des vestiges sont exposés. Il faut savoir que Trasmoz compte très peu d'habitants, environ 70 ; il n'y a pas d'école ni de commerce. Vous pouvez néanmoins vous arrêter dans le seul bar-restaurant du village pour vous désaltérer ou prendre un repas.

Une autre ville espagnole, Cuenca, abrite une légende bien singulière, que j'affectionne aussi pour son sens et sa justice.

Cuenca est une ville de la province de Castille-La Manche , communauté autonome dans le centre de l'Espagne. Entre falaises, bâtisses et histoire, cette commune est, je trouve, l'une des plus charmantes d'Espagne.

Avez-vous déjà eu un chagrin d'amour ? Celui qui vous fait pleurer de nuit comme de jour, celui qui vous coupe l'appétit, celui qui vous rend triste et à la fois très en colère ? Je pense que vous allez apprécier la légende qui va suivre. Sachez que le karma peut venir à vous sous plein de formes.

Don Juan n'avait qu'à bien se tenir !

Dans la petite commune de Cuenca, un jeune homme beau et charmant courtisait toutes les femmes qu'il était possible de ramener chez lui. Il leur promettait une vie de rêve entre mariage, enfants et voyages. Mais une fois qu'il obtenait ce qu'il désirait, c'est-à-dire coucher avec elles, il les quittait au lever du matin, abandonnant ces pauvres filles dans un désespoir terrible. Il faut dire que le Don Juan avait une technique bien à lui : il savait déceler les faiblesses féminines pour en tirer profit. Les femmes se sentaient déshonorées et honteuses d'être tombées dans son panneau.

Par une journée ensoleillée, le jeune homme se balade dans la commune de son village à la recherche de sa future proie. Ayant déjà été blacklisté de certains endroits à cause de sa mauvaise réputation, il décide de raser les murs et de passer par une petite ruelle. Devant lui, une magnifique femme. Elle a un visage froid, mais est d'une rare beauté. Nous ne savons rien d'elle, hormis son prénom : Diana.

La jeune femme marche tranquillement vers le Don Juan. Il n'était pas possible pour l'homme de passer à côté de cette occasion. Il l'approche et commence à lui parler en mettant en place le même scénario que pour ces autres victimes. Il lui raconte des mensonges, lui promet une soi-disant vie idyllique à ses côtés. Diana, qui semble au premier abord inaccessible, accepte l'invitation en lui donnant rendez-vous le jour même à la nuit tombée dans un lieu loin du romantisme : le cimetière. Cela n'a absolument pas découragé le Don Juan qui fête intérieurement sa victoire.

Ils se retrouvent donc le soir, marchent dans les allées du cimetière de Cuenca, s'assoient sur un banc et s'embrassent tendrement. Diana porte une jupe, et pour le Don Juan c'est l'occasion rêvée pour passer aux choses sérieuses. Il soulève la jupe et pose sa main sur la cuisse de la jeune femme pour la caresser. Mais, surprise ! Diana a un pelage dru et très épais.

Le jeune homme étonné regarde avec plus d'attention ses jambes qui n'en étaient pas : la jeune femme avait des sabots !

Diana n'était pas la jeune femme somptueuse qu'il pensait courtiser lourdement, mais le Diable qui était venu le punir de ses actes inappropriés. Prenant conscience de la gravité de la situation, le jeune homme courut à vive allure dans la commune et vit une croix. Le Don Juan se jeta devant pour embrasser sa base et tenta de s'excuser auprès de Dieu, lui certifiant qu'il ne recommencerait pas et qu'il aurait un comportement plus respectueux. Le Diable le rattrapa et lui jeta un rayon mortel sur son corps. Mais la croix protégea le repenti. Fatigué de cet échec, le Diable disparut en une fraction de seconde.

Le jeune homme traumatisé par ce qu'il venait de vivre s'est promis de ne plus jamais mentir à une femme pour arriver à ses fins.

Le Diable est donc une sorte de karma justifié ! Si cet être diabolique n'était pas intervenu, qui sait combien de proies le Don Juan aurait détruites par ses paroles manipulatrices et perfides ?

Moralité de la légende

Il faut avoir un comportement respectueux envers les femmes, sinon pour sûr, le Diable viendra frapper à votre porte sous une forme qui fera chavirer votre esprit.

Nota bene : Il est encore possible d'apercevoir cette croix.

France, Normandie

Légende : La Dame blanche	**Thèmes :** Fantôme, condition féminine
Lieu : Dans l'abbaye de Mortemer	**Particularité :** Il existe une ribambelle de Dames blanches en France
Superstition du pays : Offrir des œillets est synonyme de malheur	

La France, ce beau pays aux différentes régions ! Où que vous alliez, ce pays regorge d'histoires et de coutumes. Chaque région offre une sacrée diversité, que ce soit dans la gastronomie, la culture ou l'art.

En France, les stations balnéaires que l'on trouve dans le Sud-Ouest ou le Sud-Est sont privilégiées lors des vacances en amoureux ou en famille. Mais si vous saviez le vivier culturel qui baigne dans le pays entier, vous décideriez de prendre un van et d'en arpenter chaque recoin.

Lorsque j'étais petite, nous partions en famille à Cannes et à Monaco, très jolies villes pour profiter des différentes plages et de l'ambiance estivale. En grandissant, j'ai pu aussi découvrir la Bretagne et son patrimoine aux mille âmes, mais également Lille qui est une ville entre vieux quartiers et modernité. J'ai grandi à Paris, là où, à ce qu'il paraît, tout se passe : musées, restaurants, bateaux-mouches, tentations diverses et variées en termes de sortie. Mais après plusieurs années, j'ai préféré partir à Seignosse et m'offrir une vie paisible de famille. Je dois avouer que, parfois, la Ville lumière me manque, mais je ne changerais pour rien au monde mon mode de vie actuel.

Chants landais, gastronomie riche et gourmande, petits villages charmants et habitants accueillants m'ont fait définitivement adopter le Sud-Ouest.

On ne s'imagine pas non plus le vivier de légendes urbaines que compte la France avec ses divers lieux hantés, ses histoires d'horreur qu'on peut se raconter au coin d'un feu. Celle qui revient principalement est celle de la Dame blanche. J'avais, dans ce chapitre, envie de vous faire découvrir une histoire de France, de femme et de fantôme.

Je vous emmène en Normandie, non pas à Deauville ni à Trouville pour manger des moules-frites, mais à Mortemer !

« Mortemer, Mortemer où es-tu ? » Vous connaissez sûrement l'histoire de la Dame blanche, qui vous attend sur la route pour vous effrayer, ou qui se place sur la banquette arrière de votre voiture et que vous apercevez dans votre rétroviseur ? Je pensais que cette légende était en cours uniquement aux États-Unis et bien loin de moi l'idée qu'elle puisse avoir eu lieu aussi en France. Il faut savoir que la Dame blanche fait partie d'une légende urbaine universelle, elle existe dans le monde entier. Je suis curieuse d'en connaître les raisons et pourquoi elle est ancrée dans notre esprit collectif.

La Dame blanche peut se manifester dans la plupart des cas en une masse blanche, en une silhouette de femme, en un voile blanc qui laisse apercevoir le visage et les mains. Est-ce qu'être une femme suffit à faire peur ? Est-ce qu'être une femme peut effrayer, car elle peut donner la vie et donc peut-être la mort ? Est-ce qu'une femme crée automatiquement un lien affectif et maternel qui nous attire à elle ? Ou alors, mes questions sont un peu trop tirées par les cheveux.

Je vous laisse avoir votre propre arbitre en lisant l'effrayante histoire de la Dame blanche de Mortemer.

Pour commencer cette traversée historique, je vous invite à vous plonger dans l'abbaye de Mortemer, qui finalement porte bien son nom : Morte Mer. C'est un lieu glacial et humide, les hivers sont rudes. Ce n'est pas l'endroit rêvé pour des vacances familiales ni pour se retrouver en couple lors d'une virée romantique. Mais pour les curieux de l'histoire de France et les amoureux de sensations fortes, il est idéal.

« Dame blanche, qui es-tu ? » Connaissez-vous Mathilde l'Emperesse ? Cette femme était la petite-fille de Guillaume le Conquérant et la grand-mère de Richard Cœur de Lion ? La terrifiante Dame blanche, c'est elle !

Mathilde fut mariée à 12 ans à Henri V, l'empereur du Saint-Empire romain germanique et par la suite à Geoffroi V Plantagenêt. Il faut dire qu'à 12 ans une jeune fille est censée jouer aux poupées ou aux cailloux et non devoir se retrouver dans le lit d'un homme plus âgé qu'elle. Il y a déjà dans l'énoncé de son évolution de gros couacs : le consentement, la sexualité à 12 ans, la charge mentale et familiale, la vie brisée, enfin j'imagine.

La légende raconte qu'elle fut cloîtrée des années dans l'abbaye de Mortemer après un désaccord avec son père. Elle n'était pas dans une chambre tout confort, avec un lit douillet et des tapis au sol. Elle était plutôt dans une cellule froide et lugubre en guise de demeure. On peut imaginer la rage et la tristesse qui l'envahissaient, même si elle en sortit un jour.

Plus tard, après avoir fondé sa famille, partagée entre l'Angleterre et la France, elle décida de revenir en Normandie, où elle prit possession de l'abbaye de Mortemer qu'elle avait fondée.

« Cap ou pas cap ? » On raconte que Mathilde s'est éteinte au mois de septembre en 1167, et que depuis ce lieu chargé d'histoire, des manifestations morbides émergent à l'esprit de chaque personne qui le visite. Une sensation de malaise, de peurs irrationnelles. On ne peut pas lui en vouloir. Personnellement, si mon père m'avait mariée à 12 ans, et que plus tard il m'avait enfermée dans une cellule, j'aurais sans doute moi aussi volontiers hanté ce lieu.

Soyez attentif, lorsque vous la verrez ! En effet, Mathilde, dite la Dame blanche, peut se manifester devant vous, portant parfois des gants noirs, parfois des gants blancs. S'ils sont noirs, malheur à vous ! C'est un petit peu comme si la malchance tombait sur vous. Au contraire, si elle porte les gants de la pureté, n'ayez crainte, car rien ne vous arrivera. Êtes-vous prêt à découvrir ce lieu ? J'en mets mes gants à couper.

Il existe d'autres exemples d'histoires effrayantes en France se déroulant dans des lieux où vit la Dame blanche, où certains visiteurs tentent encore de jouer avec la peur.

La Dame blanche du château de Trécesson

Lieu : Bretagne

Époque : XVIIIe siècle

Le château de Trécesson se trouve en bordure de la forêt de Brocéliande, lieu aux mille légendes et mythes.

La légende raconte que, un soir de fiançailles, deux hommes ont jeté dans une fosse le corps d'une femme vêtue d'une robe blanche en soie et portant une couronne de fleurs sur la tête. Sympa ! Lorsque la pleine lune se présente, la jeune femme se balade sur le toit du château provoquant ainsi à ceux qui la voient des peurs irrationnelles et une hantise viscérale.

Ce qui est fou, c'est qu'on retrouve encore le dénominateur commun de la vengeance : des hommes font du mal et les femmes se vengent en hantant des lieux. Mais, cela correspond-il à un souhait de hantise ou à une demande d'aide à qui les voit ? Est-ce que les visiteurs qui cherchent absolument des sensations fortes sont servis en émotions et en poussée d'adrénaline ? Ou certains se sont-ils malgré tout dit : « La pauvre, elle est morte, jetée dans un fossé ! Elle veut peut-être transmettre un message ou “raconter” ce qui lui est arrivé ? »

La Dame blanche du château de Puy Martin

Lieu : Périgord

Époque : XVIe siècle

Il n’est pas bon finalement de vivre la vie de châtelain.

La légende raconte qu’un mari surprit sa femme avec un autre homme lui faisant de petites papouilles. Celui-ci décida de tuer l’amant de sa femme et d’emprisonner sa dulcinée dans la tour nord du château.

Cette jeune femme s’appelait Thérèse de Saint-Clar. Elle ne quitta jamais cette tour et, pour cause, elle fut emmurée. Elle hante depuis les lieux par de simples manifestations inoffensives, juste pour montrer qu’elle est encore dans les lieux.

Le mythe de la Dame blanche est né dans les écrits du Moyen Âge. Il a évolué et est toujours présent. Ces revenantes malveillantes sont considérées comme les gardiennes des châteaux.

Il en existe dans presque chaque commune de France et dans le monde entier.

Moralité de la légende

Les femmes peuvent être de redoutables fantômes, méfiez-vous de leur mort.

Italie, Milan

Légende : Le palais Acerbi	**Thèmes :** Diable, contamination
Lieu : Dans le palais	**Particularité :** Certaines personnes sont immunisées par le Diable
Superstition du pays : Le chiffre 17 porte malheur	

Lorsque je pense à l'Italie, je ne peux pas m'empêcher de me remémorer la scène de la série *Le Flambeau*, avec Jonathan Cohen et Pierre Niney, où ce dernier joue le psychologue et tente de faire comprendre à Jonathan Cohen que la mozzarella qu'il met sur sa pizza est en fait la négativité d'une autre actrice. Vous pouvez trouver cette scène dans le bêtisier, je vous assure : si vous aimez l'humour potache, vous rigolerez.

Parlons peu, mais parlons bien ! Vous l'aurez compris, je vous emmène dans ce pays renommé pour sa gastronomie, son art de vivre et son élégance.

L'Italie est riche par sa culture, mais aussi par ses nombreux paysages, les montagnes, la nature, son esprit festif mais aussi calme. Tout voyageur trouvera son ambiance idéale. Direction la Toscane, où vous pourrez visiter les bâtisses du Chianti, arpenter les routes viticoles et apprécier la nature verdoyante. Ses villages sont perchés sur des collines et la vue qu'ils offrent est magnifique. Vous trouverez également la célèbre tour de Pise connue pour son côté penché, mais aussi pour la beauté qu'offrent ses 56 mètres de haut en marbre.

Si vous préférez découvrir une ville authentique et riche en patrimoine historique, c'est à Pompéi qu'il faut aller. Cet ancien haut lieu romain, qui fut enseveli sous des mètres de cendres et de pierres ponces après l'éruption du Vésuve, saura vous replonger dans un passé riche en histoire. Vous serez ravi de poser vos pieds dans la Villa des Mystères qui est située non loin de la porte d'Herculanum.

Si vous êtes romantique dans l'âme, Rome ou Venise vous en mettront plein les yeux et le cœur.

Niveau gastronomie, je vous conseille toutes les villes. Chacune saura combler votre gourmandise. De la pizza aux pâtes, en passant par le risotto : tout est là pour sustenter votre estomac.

Vous aimez quand ça bouge et ça vit ? Posons alors notre sac à dos à Milan, métropole de la région de Lombardie. C'est la capitale mondiale de la mode et du design. C'est aussi une ville qui offre une grande diversité pour vos soirées ; ses bars, restaurants et boîtes de nuit pourront, je suis sûre, vous mettre en immersion dans la vie locale de ses habitants.

Saviez-vous où se trouve l'une des demeures du Diable ? Elle se situe dans cette ville et je dois dire qu'il n'a pas choisi une maison de pacotille, puisqu'il séjourne dans le palais Acerbi !

Dans notre culture française, le Diable est souvent réputé pour être un monstre, un horrible personnage. Mais à Milan, il a plutôt bonne réputation, si l'on en croit la légende qui suit.

Et vive la fête !

Remontons au XVIIe siècle, époque où la peste sévit, où les croyances ont une place prépondérante dans la vie de tout un chacun.

On raconte que le nouveau propriétaire du palais, qui porte son nom, le marquis Ludovico Acerbi, aurait rénové l'édifice à son image excentrique, selon les codes du baroque lombard. Ce style architectural est caractérisé par ses différentes constructions octogonales et circulaires.

Revenons au marquis. Bien qu'il sût que l'épidémie de peste prenait de plus en plus d'ampleur, il décida d'organiser de grands festins, mêlant les danses, la musique, les buffets gargantuesques avec la dolce vita du je-m'en-foutisme quant à ce qu'il se passait en dehors du palais. Les mourants pouvaient subir la maladie tout en appréciant le spectacle sonore et lumineux du palais.

Que Diable ! Immunisez-moi !

Alors que la pandémie tue petit à petit ses habitants, il semblerait que seuls le marquis et ses invités soient immunisés. La rumeur court qu'il serait lui-même le Diable !

Aucun d'eux n'est contaminé. Au contraire, les invités et Ludovico Acerbi pètent la forme. Les années passent et la maladie continue d'emporter les Milanais. Le marquis programme toujours de gargantuesques fêtes, les protégeant malgré lui d'une mort certaine.À la fin de la peste, les seules personnes qui restaient debout et vivantes étaient les invités du marquis.

Il faut savoir que, bien plus tard, le palais Acerbi fut attaqué par un bombardement autrichien. Un boulet de canon le toucha, mais il est resté intact !

Le Diable protégerait-il le palais ?

Moralité de la légende

Le diable est clément : entourez-vous d'un marquis, vous éviterez ainsi la pandémie !

Roumanie, Sibiu

Légende : Le pont des Mensonges	**Thèmes :** Mensonge, punition
Lieu : Sur le pont	**Particularité :** Il s'effondre lorsqu'un menteur passe dessus
Superstition du pays : Croiser un prêtre sur sa route est signe de malchance	

La Roumanie est un pays charmant qui porte une âme bien à elle. Lorsqu'on l'évoque, le premier personnage emblématique qui ressort est le Dracula de Transylvanie. Un peu trop commun pour nous, car son histoire nous la connaissons : c'est un vampire qui adore se délecter du sang de ses victimes et qu'il transforme à leur tour en créature sanguinolente. En avant Guingamp et direction la capitale, Bucarest, qui est le centre industriel, culturel et commercial du pays. C'est une ville étonnante par sa diversité culturelle entre histoire, tradition et modernité. Vous pourrez y visiter le palais du Parlement dont la terrasse offre une vue panoramique imprenable. Et si vous êtes féru de lecture, sachez que cette ville offre un nombre surprenant de librairies.

Si vous souhaitez vous imprégner de la culture du pays, mais aussi de ses paysages, je vous conseille de visiter la ville de Bucovine, qui est riche en végétation, monastères et montagnes. Que vous décidiez de vivre un instant pieux ou de faire la randonnée tout en découvrant la région, c'est un dépaysement assuré.

Nous arrivons à notre dernier point de rendez-vous, celui qui clôture le merveilleux monde des légendes urbaines. Prenez une grande inspiration et suivez-moi dans la ville de Sibiu qui est l'une des plus grandes de Transylvanie. Si vous souhaitez vous évader dans un grand parc abritant un bel étang et une végétation à couper le souffle, direction le parc naturel Dumbrava Sibiului. Entre la forêt, le zoo, le musée Astra de la civilisation populaire et les lacs, ce lieu est riche en couleurs et en émerveillements.

Comme vous le savez, chaque ville abrite son lot de maisons hantées, de cimetières atypiques ou d'hôpitaux psychiatriques abandonnés. Pour cette ultime légende, j'ai voulu vous emmener dans un lieu où je pense que certaines personnes devraient poser leur pied. Ne vous méprenez pas, je ne parle pas de vous, mais peut-être d'une connaissance lointaine.

J'étais sur la route toute la sainte journée (Gérald de Palmas, pour ceux qui n'ont pas la réf)

Lorsqu'on visite une ville, il est rare de la découvrir uniquement à pied. La voiture étant indispensable, je vous invite à vous installer sur le siège passager.

Il existe à Sibiu, cette ville du Moyen Âge, un pont aux vertus bien particulières. Pour la petite histoire, ce fut le premier, en 1859, dans le sud de l'Europe qui fut construit en fonte.

Plusieurs légendes à son propos existent et toutes ont un point commun : lorsqu'un menteur passe sur le pont, celui-ci s'effondre automatiquement. Le mystère reste encore très présent, car même s'il disparaît, il réapparaît en une fraction de seconde, du moins le temps que le menteur soit enseveli sous les pierres. C'est un lieu extrêmement touristique : j'imagine que ses visiteurs veulent soit tester leur partenaire, amis ou famille, soit braver le danger.

Tu ne mentiras plus un point c'est tout !

La légende raconte qu'une femme avait une relation avec un homme charmant et fortuné, alors qu'elle était mariée et qu'elle avait trois enfants avec son conjoint.

Il se raconte que la femme a rejoint un matin son amant dans sa maison secondaire en Transylvanie, prétextant à son mari devoir aller réconforter son amie emplie de désespoir. Heureusement pour elle, la route n'était pas longue. Elle avait hâte de partager un moment torride avec son amoureux du moment, car, il faut le dire, il n'y avait pas de réels sentiments entre eux.

Ils sont restés plusieurs heures à se bécoter, à discuter, à rigoler tels des adolescents de 15 ans bien qu'ils en eussent 50. Après tout, chacun fait comme il veut.

Lorsqu'arrive le départ, la femme s'habille rapidement, mais oublie malencontreusement de remettre sa culotte. Elle rejoint son mari et ses enfants, comme si de rien n'était. Au moment du dîner, le mari lui demande comment s'est passée sa journée et si son amie avait été suffisamment réconfortée. Elle répond vaguement que ce fut fatigant, mais que c'était aussi ça, le rôle d'une amie.

La soirée se passe normalement, les enfants jouent dans le salon et vont ensuite au lit.

La femme a l'habitude de prendre une douche tous les soirs avant de se coucher. Le mari est présent dans la salle de bains puisqu'il se fait sa toilette. Il remarque que sa femme, en se déshabillant, n'avait pas de culotte. Étonné, il lui demande sur le ton de la rigolade ce qu'elle en a fait. Elle lui répond qu'elle a dû oublier d'en mettre une le matin même.

Cet épisode se passe sans fracas. Les semaines qui suivent se ressemblent : les deux amants se retrouvent au moins une fois par semaine dans la fameuse maison secondaire. Arrivent les vacances scolaires et la famille décide de visiter l'ensemble du pays en voiture. Ils doivent absolument passer sur le pont des Mensonges, ce qui arrange le mari, car le doute ne s'efface pas de son esprit. Les enfants dorment à l'arrière, le calme règne dans le véhicule jusqu'à ce qu'il lui demande si elle avait un amant. La femme devient rouge et s'énerve sans raison valable. La voiture arrive sur le pont : le mari connaissant cette légende lui pose une seconde fois la question. La femme lui dit que non, elle ne lui fera jamais cette trahison. En l'espace de quelques secondes, le pont s'est effondré laissant la femme morte sous les pierres. Le mari, par magie, réapparaît dans sa voiture avec ses enfants, mais sans leur maman. La suite reste un mystère.

Moralité de la légende

Ne passez pas sur ce pont si vous mentez, car vous serez oublié sous un tas de gravats.

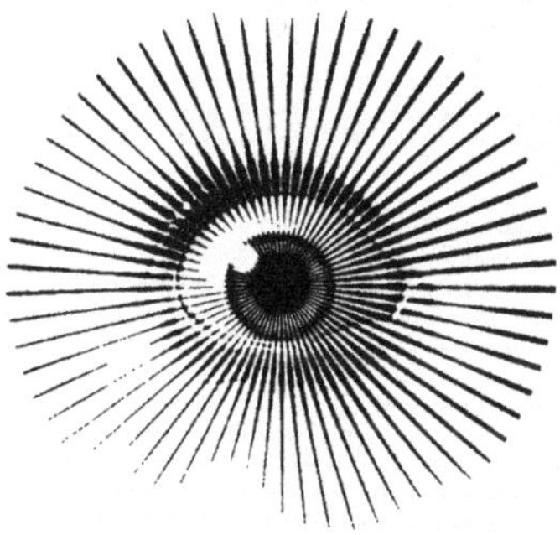

BONUS SUPERSTITIONS

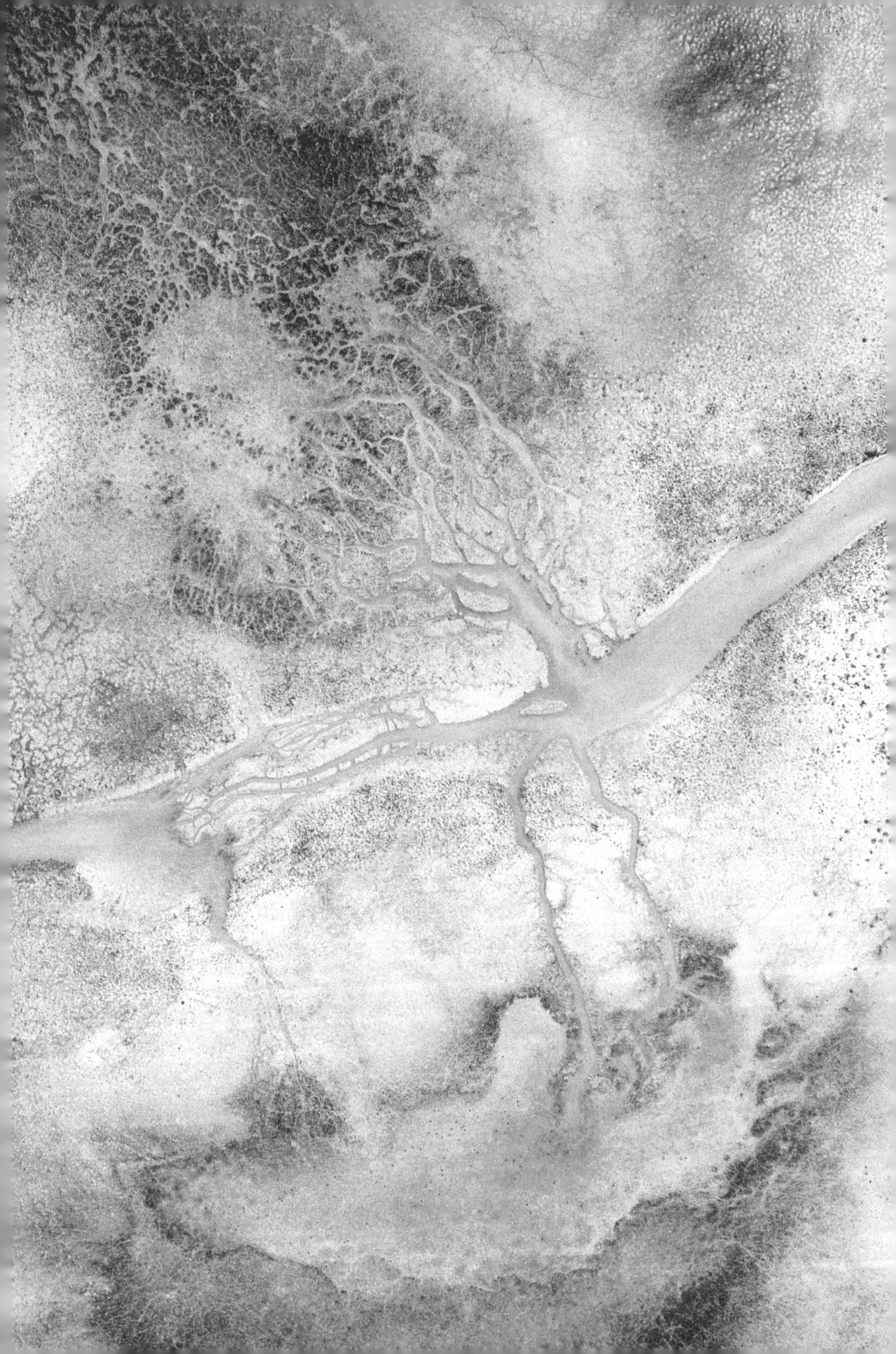

Bienvenue dans le monde fascinant des superstitions

Rechercher l'origine de certaines superstitions, c'est un peu comme dépoussiérer un grenier dans l'espoir de trouver un trésor de famille.

J'ai réuni dans ce dernier chapitre, les superstitions plus courantes que j'ai pris soin de détailler.

C'est une sorte de cerise sur le gâteau, tant toute la partie sur les légendes urbaines est passionnante. Celle-ci l'est aussi.

Les superstitions rythment notre quotidien de façon consciente et inconsciente. Certaines sont aussi inscrites dans notre mémoire collective comme étant la marche à suivre pour garder la chance de notre côté ou contrer le mauvais œil.

Toutes les superstitions, si différentes soient-elles, se rejoignent sur un point : elles peuvent vous rendre la journée merveilleuse ou, au contraire, la rendre pénible.

J'ai souhaité écrire ce chapitre, car je m'intéresse à l'origine des choses. Et il est vrai que, lorsque je marche dans la rue, j'évite de passer sous une échelle ; si j'ai le malheur de briser un miroir, croyez-moi, c'est un peu la fin du monde pour moi. Alors je sors mes encens mes bougies et je fais tout fumer pour contrer le sort.

Comment une superstition peut-elle mettre l'épée Damoclès sur la tête des superstitieux ? Comment déjouer le sort ?

Entre histoire et spiritualité, entrez avec moi dans le monde merveilleux des superstitions.

Croiser un chat noir

Craignez-vous de croiser un chat noir lorsqu'il passe devant vous ? Avez-vous peur de la répercussion que cette rencontre peut avoir sur votre journée ? Le chat noir est-il synonyme de mauvais augure à vos yeux ?

Remontons le temps ensemble et creusons l'origine de cette réputation qui ne quitte aucun de nos esprits.

Commençons notre road-trip en Égypte. Nos amis égyptiens vénéraient les chats. Mais, pour eux, la couleur noire était synonyme de mort et de pauvreté. Alors, l'assemblage chat + noir ne pouvait être que négatif. Bien que le chat soit un animal qui retombe toujours sur ses pattes, la couleur qu'il portait désignait l'arrivée d'un événement tragique ou un mauvais présage général.

C'est une autre croyance qui est née au Moyen Âge. En effet, les chats étaient considérés à cette époque comme étant la réincarnation des sorcières, surtout en Angleterre. Dans ce pays, les pauvres femmes qui étaient sans domicile nourrissaient les chats de gouttière. Ces pauvresses avaient aussi la réputation de faire de la sorcellerie, et l'association chat noir + femmes pauvres a fait naître cette superstition étonnante : les femmes pauvres ayant comme animal domestique un chat noir présageaient une certaine ruine et donc un mauvais présage.

Ne vous inquiétez pas : si un jour vous en croisez un, dites-vous que c'est juste un chat noir et non l'annonce d'un décès ou d'une chute dans votre vie professionnelle et familiale.

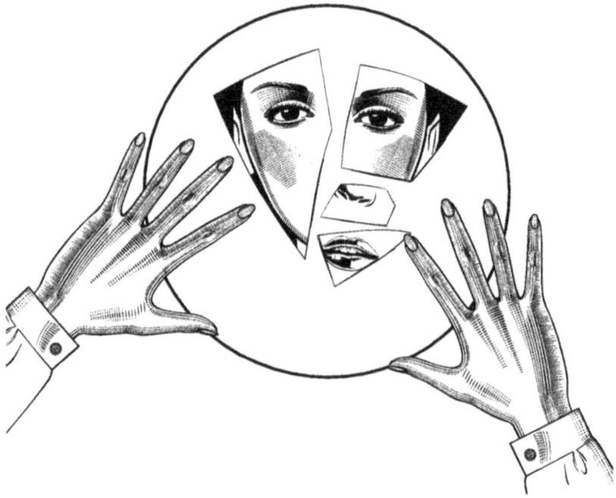

Briser un miroir

Il m'était déjà arrivé de casser un miroir. Par un geste d'inattention, je l'avais mal positionné sur les clous du mur. En le voyant brisé, la vision de sept ans de malheurs me transperça le cœur. Comment allais-je faire pour contrer le sort ? Est-ce que tout ce que j'avais bâti sur le plan professionnel allait se détruire ? Est-ce que mes relations amoureuses allaient tout le temps se terminer brutalement ? Que nenni ! Aujourd'hui, je vis normalement et je n'ai aucun malheur qui plane au-dessus de ma tête. Alors, d'où vient cette superstition ? Remontons ensemble à l'époque des Romains dans l'Antiquité.

Les Romains pensaient que le miroir enfermait l'âme de chaque personne qui s'y regardait. S'ils avaient le malheur de le casser, c'est comme si leur âme se cassait aussi. Le nombre 7 est pour eux un cycle de régénération humaine. Au bout de ces années, l'homme était nettoyé de ses impuretés ou de ses actes. Il fallait alors attendre tranquillement que l'âme revienne dans le corps au bout de sept ans.

Il n'y a aucune preuve de ce cycle d'années. Alors, n'ayez crainte, la prochaine fois que vous briserez un miroir, utilisez simplement les morceaux pour créer par exemple une mosaïque !

Être 13 à table

Nous connaissons la paraskevidékatriaphobie qui est la peur du vendredi 13. Mais d'où vient cette crainte du chiffre 13 que l'on peut observer dans notre quotidien ? Par exemple, un restaurant n'aura pas de table numérotée 13, un hôtel aura rarement une chambre avec le numéro 13. Comment une telle superstition peut-elle envahir notre existence ? Pour répondre à ces questions, il faut remonter à la mythologie nordique, et plus précisément à Valhalla, le lieu où séjournent les guerriers vikings après leur mort.

Avez-vous vu le film *Thor* ? Oui, celui avec le grand blond et son énorme marteau magique. Eh bien, son frère Loki, le dieu de la guerre, a fait irruption lors d'un banquet pour lequel 12 personnes avaient été invitées. Avec la présence de Loki, le nombre de convives est passé à 13. Le dieu Balder a tenté de le chasser, mais il en est mort. C'est à ce moment que la superstition est née : le chiffre 13 porte malheur.

Une autre histoire religieuse raconte que la crainte du chiffre 13 est née lors du dernier repas du Christ. Pour résumer, le méchant Judas était l'ultime invité et c'est à lui que revient la palme de la traîtrise, car il est à l'origine de l'arrestation et de la crucifixion du Christ. Il est inutile de craindre ce chiffre, hormis si vous invitez Loki ou Judas à table.

Passer sous une échelle

Je dois vous avouer qu'au début de mon existence, j'évitais de passer sous une échelle de peur que l'immeuble ne me tombe dessus. Je n'avais pas de crainte quant au déroulé de ma journée, mais uniquement quant au fait que je pouvais mourir sous des graviers. En grandissant, j'ai voulu savoir pourquoi une telle croyance s'était imprégnée en moi et en tout un chacun. Depuis, je passe en dessous sans aucune crainte, et je suis bien vivante ! L'origine de cette superstition remonte au Moyen Âge. En effet, le risque de mort était prépondérant, car en passant sous une échelle vous étiez susceptible de recevoir sur votre tête les outils dangereux des artisans.

Sachez aussi qu'à l'époque, lorsque la pendaison était établie, la corde des condamnés était attachée sur l'échelle et les futurs morts devaient passer en dessous. Dans le catholicisme, passer sous une échelle était synonyme de profanation. Celle-ci étant posée contre un mur, elle symbolisait par sa forme géométrique la Sainte Trinité : le Père, le Fils et le Saint-Esprit.

Aujourd'hui les échelles sont sécurisées, il ne vous arrivera pas de malheurs tels que la mort ou le mauvais œil si vous passez en dessous. Faites le test !

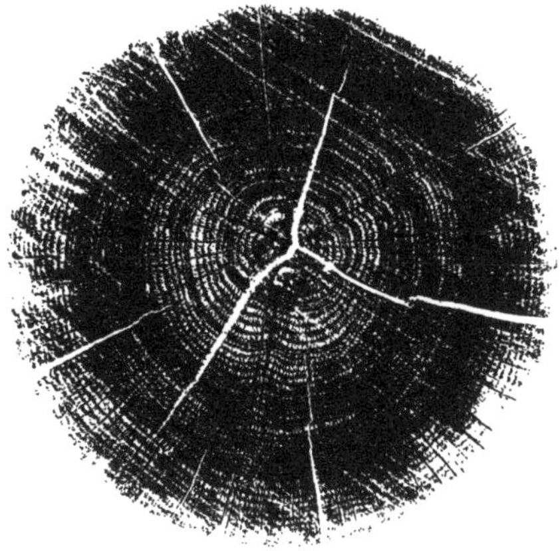

Toucher du bois

Qui n'a jamais touché du bois pour se porter chance ? Lorsque, par exemple, vous espérez une promotion, réussir un examen ; ou simplement lorsque vous voulez vous protéger pour ne pas vous retrouver dans une mauvaise situation. Il m'arrive régulièrement de toucher du bois pour accentuer mon souhait que la rentrée scolaire de mon fils se passe bien, ou pour t rendre un manuscrit en temps et en heure (petit clin d'œil à mes éditrices Marion et Katia). Et je dois dire que ça a toujours bien fonctionné. Alors d'où vient ce porte-chance ?

On trouve son origine dans plusieurs cultures : chez les Celtes, le bois, les arbres étaient considérés comme une source de vie et de force ; les Égyptiens pensaient que le bois les protégerait contre la mauvaise santé ; chez les chrétiens, le bois symbolisait la croix sur laquelle Jésus était cloué, et devant laquelle les adeptes venaient prier ; chez les Grecs, l'arbre, plus précisément le chêne, était associé à la force de Zeus. Vous pouvez sans aucune crainte continuer de toucher du bois, peu importe sa provenance. Et pour les férus de superstition, vous pouvez pousser cette croyance en ayant toujours sur vous, dans votre poche ou votre sac, un petit morceau de bois en guise de porte-bonheur.

Marcher sur une crotte de chien avec le pied gauche

Parmi les superstitions étonnantes en voici une qui me laisse perplexe quant à son origine. C'est vrai : qui s'est dit que, si on marche sur une crotte de chien du pied gauche, ça porte bonheur ? Est-ce que cette personne avait tellement honte de nettoyer sa chaussure ou pire son pied, qu'elle a décidé de transformer ce moment gênant en quelque chose de super positif ?

Là encore, remontons au Moyen Âge. Il semblerait que son origine vienne d'un mage qui aurait découvert que marcher dans une crotte de chien, surtout avec le pied gauche, porterait chance pour une raison assez saugrenue. En effet, le fait d'écraser ces excréments sur le sol serait la symbolique du diable (le caca) qui se fait écraser (par votre pied) sous terre (là où il doit être). Ce geste éloigne aussi les malheurs de la vie quotidienne et apporte pour certains la richesse.

Mais il ne faut pas pousser non plus : n'allez pas trouver toutes les crottes de chien pour les écraser, ou sinon, ayez sur vous un seau d'eau pour nettoyer votre chaussure et enlever l'odeur nauséabonde de cette matière fécale. Ne vous faites pas non plus de bains de pieds de caca : je vous assure que ça ne marchera pas ! Il faut dire qu'à cette époque les chiens étaient nombreux et se soulageaient sur les voies publiques, tout comme aujourd'hui !

CONCLUSION

Une légende urbaine n'est pas forcément vraie, mais elle alimente une certaine peur et peut donner de l'adrénaline. C'est aussi pour ces raisons qu'elle existe.

Pour connaître le vrai du faux, il m'a fallu des semaines de travail et de recherche. Ce furent des heures exaltantes. J'ai choisi de ne pas vous citer toutes mes sources qui sont multiples et variées pour que, à votre tour, vous puissiez approfondir les merveilleuses légendes urbaines et, pourquoi pas, faire d'autres fascinantes découvertes.

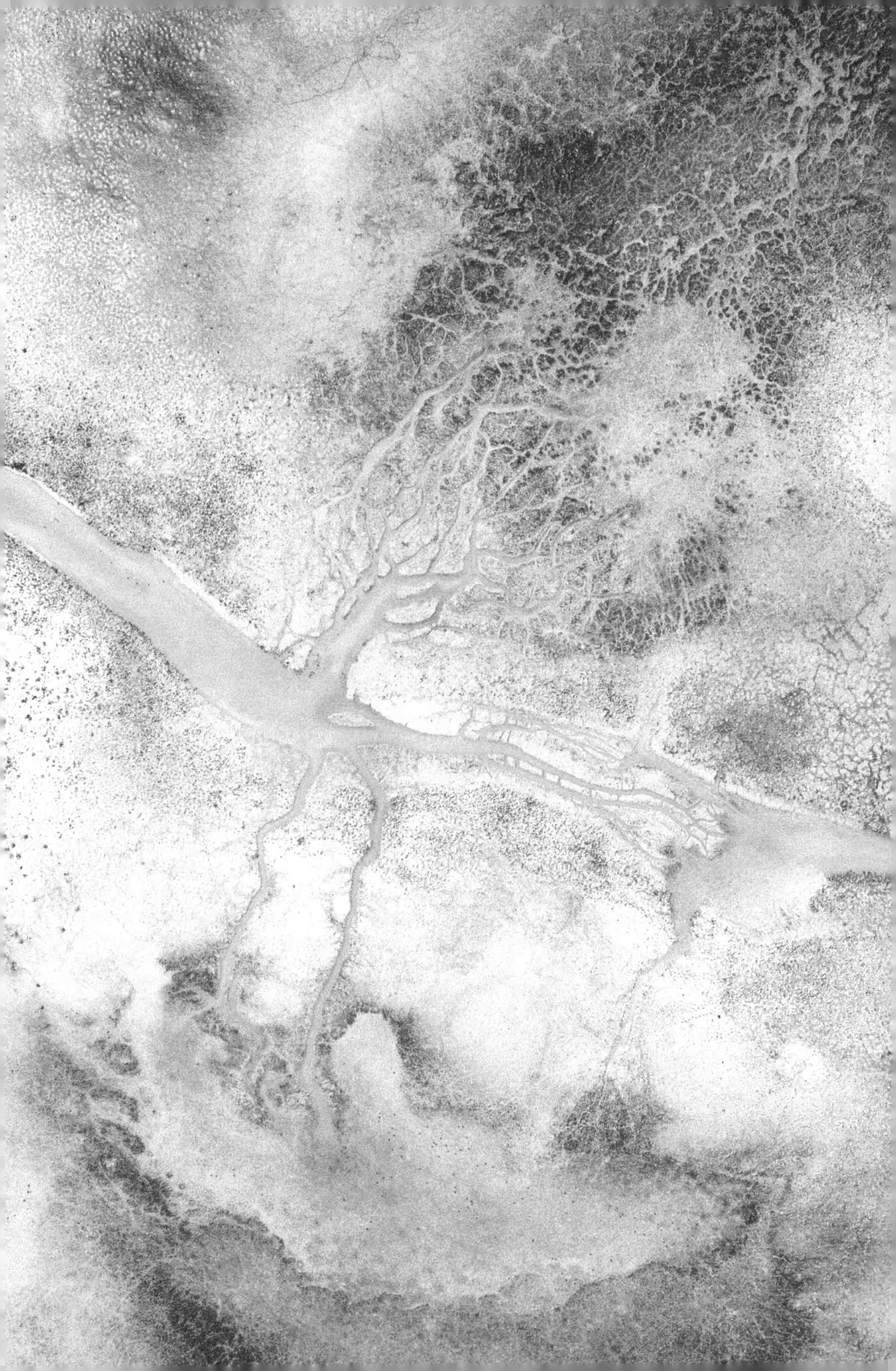

Dépôt légal : avril 2023
Achevé d'imprimer en mars 2023 par Booksfactory

Imprimé en Union européenne